W0372605

PENSÉES, RÉPLIQUES
ET ANECDOTES

François Mitterrand

Pensées, répliques et anecdotes

choisies et présentées par
MICHEL CHARASSE

Collection « Les Pensées »
dirigée par
Arnaud Hofmarcher

le cherche midi éditeur
23, rue du Cherche-Midi, 75006 Paris

Les droits d'auteur de ce volume sont reversés intégralement à l'Institut François-Mitterrand.

Droits de traduction et de reproduction réservés pour tous pays. La loi du 11 mars 1957 interdit les copies ou reproductions destinées à une utilisation collective. Toute représentation ou reproduction intégrale ou partielle faite par quelque procédé que ce soit – photographie, photocopie, microfilm, bande magnétique, disque ou autre – sans le consentement de l'éditeur ou du Centre français d'exploitation du droit de copie est illicite et constitue une contrefaçon sanctionnée par les articles 425 et suivants du Code pénal.

© le cherche midi éditeur, 1997.

J'envie l'art irrespectueux et ramassé des caricaturistes
qui, en quelques traits et peu de mots, vont loin.

(À suivre, *jeudi 26 janvier 1989*).

J'étais un enfant très calme, très silencieux,
plus moqueur qu'espiègle – d'autres diraient taquin.

(Mémoire à deux voix)

INTRODUCTION

Le 31 décembre 1994, présentant ses ultimes vœux à la Nation, le président François Mitterrand nous a dit : « Je crois aux forces de l'esprit, je ne vous quitterai pas. »

S'il est aujourd'hui un homme dont l'esprit n'a cessé de marquer sa force, c'est bien François Mitterrand. Et ce quel qu'en fût le cadre ou le support. Les sources sont donc particulièrement abondantes et diverses. C'est pourquoi j'ai longtemps hésité à superviser ce recueil de pensées proposé par le cherche midi éditeur.

Il y a d'abord tout ce que François Mitterrand a écrit, dès l'avant-guerre et jusqu'à quelques jours de sa disparition : articles de journaux, livres, essais théoriques, pamphlets, souvenirs, préfaces, communications à ses concitoyens, telle sa « Lettre à tous les Français » de 1988... En toute circonstance, il privilégia le mode écrit.

Il passait des heures, dans son bureau, chez lui, à Paris ou à Latché, chez des amis, en avion pendant ses voyages – même brefs ! –, à couvrir de notes le moindre morceau de papier qu'il enfouissait ensuite dans ses poches, et qu'il ne perdait pas toujours ! Des heures à tracer des milliers de lignes, d'une calligraphie soigneuse, avec son gros

Waterman à encre bleue. Il demeurait ensuite longtemps à les reprendre, les corrigeant, les précisant, les ordonnant.

François Mitterrand était un perfectionniste de la chose écrite : « J'écris toujours dans la douleur et c'est une épreuve qui m'accable... »

Amoureux de l'admirable concision de la langue française, il recherchait systématiquement, voire compulsivement, le juste vocable, le style classique, sans jamais céder à la magie du concept hermétique. Fervent défenseur de sa langue maternelle et sans bannir l'évolution de ses idiomes, il tenait à sa présence partout dans le monde, au point de relancer vigoureusement la « francophonie » – dotée d'un ministère spécifique – et de s'opposer sans faillir à tout repliement de notre dispositif diplomatique et culturel.

Certains mots – je pense à « obsolète » ou à « humain » (« sens de l'humain » ou « profondément humain ») – ou certaines formules, au premier rang desquelles le récurrent « relever le (ou les) défi(s) » lui faisaient horreur. Il les biffait rageusement lorsqu'un de ses conseillers s'était laissé aller à ce qu'il jugeait des « facilités doublées d'incorrections ».

Lui-même, après la période d'affectation qui accompagne parfois les jeunes lettrés, des « humanités » jusqu'à l'université, et peut-être parce qu'il a partagé, avec des compagnons de toutes origines, la dure condition de la guerre, des camps allemands et de la Résistance, avant de s'engager définitivement, à la Libération, dans une vie publique entièrement forgée sur le terrain, a très vite ressenti la nécessité d'être compris du plus grand nombre.

Aussi, ses mots, ses phrases, ses arguments, qui ne comportaient jamais ni faute de grammaire ou de syntaxe ni incorrection, redite ou contresens, s'adressaient-ils, en priorité, à ceux qui ont « leur certificat ». Entendez ceux qui avaient fréquenté les bancs de la « laïque » du *Grand Meaulnes*, dont il visitait régulièrement la petite école d'Épineuil, à quelques encablures d'une écluse autrefois tenue par son grand-père aux marges du Bourbonnais et du Berry : « Respirez, Michel, humez ! Nous sommes au centre géographique de la France. »

Dans ces établissements, créés par Jules Ferry après des débats quasi séculaires ouverts par Condorcet, s'enseignaient non seulement un français simple – élémentaire ! –, mais également la morale civique, l'Histoire de la France et le raisonnement que seul confère le calcul arithmétique.

Il s'est toujours reproché d'avoir accepté cette « mesure stupide » qu'était à ses yeux la suppression du certificat d'études. Il en imputait l'initiative à « quelques inspecteurs généraux désœuvrés et donc malfaisants » actionnés par une poignée de syndicalistes qu'un corporatisme exacerbé avait fini par « brouiller à la fois avec l'orthographe et avec la République ».

Mais l'œuvre écrite de François Mitterrand n'est pas seulement faite de livres, d'articles de presse ou de chroniques de revues, d'éditoriaux ou encore de quelques mots bien sentis jetés à la hâte sur le « Livre d'or » de lieux plus ou moins connus.

On y trouve aussi – paradoxe – ses innombrables interventions prononcées à la tribune des assemblées de la République, comme député, sénateur ou ministre, depuis sa première élection dans la Nièvre au lendemain de la guerre jusqu'à son entrée à l'Élysée le 21 mai 1981. Sans oublier ses « messages » au Parlement sous ses deux septennats.

Car ces textes, figurant dans le « compte rendu intégral » des débats, publié par le *Journal officiel*, sont, en fait, des écrits qui ne ressemblent que bien peu – quant à la forme – à ce qu'on a entendu dans l'hémicycle.

Il faut savoir, en effet, que François Mitterrand, forgé à l'école de la tradition parlementaire léguée par la IIIe République, a toujours consacré une attention particulière à la révision de la sténographie de ses discours.

Bien qu'il comptât parmi les meilleurs orateurs parlementaires, le Président déplorait, la plupart du temps, que ses discours, retranscrits tels quels, fussent « illisibles ».

Certes, tous ceux qui l'écoutaient reconnaissaient qu'il maniait, brillamment, un français parfait. Mais l'irruption, au cœur de l'exposé, de clameurs, d'approbations ou, le plus souvent, d'insultes ou de vociférations de ses détracteurs, donnait toujours lieu, en dépit des efforts méritoires du personnel chargé de la transcription, à un résultat qui hérissait le pointilleux François Mitterrand : « Mais je ne peux tout de même pas donner le "bon à imprimer" à ce pathos ! »

Alors, aux côtés d'autres collègues, ou de collaborateurs anonymes des cabinets, relisant à la hâte leur discours, ou ceux de leurs ministres, le voyait-on s'installer à un coin de table d'un salon du Palais-Bourbon, ou à la bibliothèque, avant de s'excuser en souriant auprès des sténographes auxquels il tendait un texte entièrement réécrit, à la virgule près : « Pardonnez-moi de vous donner du travail, mais je suis un incurable pinailleur ! »

Seuls subsistent donc, dans « l'Officiel » des Chambres, le fond de ses propos ainsi que ceux de ses mots ou de ses flèches qui avaient cueilli son auditoire : par exemple le surnom « miraculé de Kaboul » dont il avait affublé le Premier ministre Georges Pompidou en Mai 1968, lui reprochant, comme on le fit naguère à M. Silhouette, de « chercher ses ministres à la lanterne », ou encore la cinglante et cruelle distinction qu'il fit un jour entre « les gaullistes de légende » et « les gaullistes de brocante ».

On ne peut exclure non plus l'œuvre strictement orale de François Mitterrand : elle aussi est considérable. Depuis ses petits discours « bon enfant » improvisés à la fin des comices agricoles des rudes villages du Morvan, respectueusement reproduits par la presse locale et conservés dans de modestes mairies, à Château-Chinon ou au conseil général de la Nièvre, jusqu'aux allocutions, beaucoup plus élaborées, destinées à la télévision ou à de grands meetings nationaux, sans oublier les conférences dans de prestigieuses enceintes internationales, François Mitterrand n'a jamais rien laissé au hasard.

Ses proches de l'Élysée se rappellent les nuits entières passées à son bureau pour parfaire le fameux discours qu'il prononcerait devant la Knesset ou le Bundestag. Ou son intervention télévisée du 12 juillet 1984 pour annoncer aux Français le célèbre « référendum sur le référendum » à propos de l'école : Lionel Jospin et moi, tenus au secret et enfermés avec lui dans le bureau de son directeur de cabinet, avons été les témoins, tout l'après-midi, de sa minutie pour rédiger une déclaration prononcée – fait rarissime sous la Ve République – en direct à la télévision et dont chaque mot avait été pesé.

Les Archives nationales et celles de l'Institut François-Mitterrand conservent les moutures successives de tous ces textes, corrigés de sa plume et perfectionnés à l'extrême. Ce sera plus tard une source incomparable pour les historiens.

Restent, enfin, tous les traits d'esprit lancés à la volée au milieu de proches ou de journalistes, destinés à l'évidence à être divulgués, ou bien encore les fausses confidences à un ami choisi à dessein pour sa discrétion à éclipses... Ceux qui eurent la chance d'approcher le Président n'oublieront jamais ces saillies lapidaires !

Les sources où puiser les pensées de François Mitterrand sont si abondantes qu'on peut en collecter infiniment. Et à la multitude s'ajoute la richesse.

Soldat, prisonnier, résistant, avocat, parlementaire pendant plus de trente ans, maire, conseiller général et régional, président de son assemblée départementale, enfin président de la République pendant quatorze ans, François Mitterrand a eu évidemment l'occasion d'aborder, publiquement et en tant que responsable politique, en France ou à l'étranger, les sujets les plus variés, y compris ceux réservés à des cercles restreints de spécialistes.

À cet égard, son discours au Sommet de la Terre à Rio de Janeiro comme son élégie lors du transfert au Panthéon des cendres de Pierre et Marie Curie mériteraient de figurer aux « annales » des Conférences inaugurales des plus éminents professeurs du Collège de France.

Tout autant, François Mitterrand aurait-il pu écrire bien des traités savants. Ainsi sur la flore de France et d'Europe. Il la connaissait à merveille – il a toujours cultivé lui-même son jardin – et se servait habilement de son érudition pour ridiculiser – sport qu'il affectionnait ! – tel haut fonctionnaire ou intellectuel parisien auquel il faisait les honneurs de sa campagne landaise ou qu'il côtoyait en pleine nature au cours d'un voyage officiel, et qui confondait, honteux et rougissant, le hêtre, le chêne et le bouleau : « Mon pauvre ami ! Vous n'y êtes pas du tout ! » ou encore : « Vous êtes complètement ignare : mais que faisiez-vous donc à l'école ? »

L'une des marques de l'esprit de François Mitterrand était son impressionnante culture historique, géographique ou littéraire, soigneusement entretenue et enrichie, tout au long de sa vie, par une lecture ininterrompue.

Il n'avait pas son pareil pour ébahir un chef d'État étranger en lui relatant tel épisode, survenu voici des siècles dans le pays qui le recevait, et que son hôte, pas davantage que son aréopage, ne connaissait. Dans la moindre commune de France, il laissait souvent les édiles béats d'admiration après leur avoir conté, par le menu, un incident oublié de tous : le 12 mars 1210, deux seigneurs du coin s'étaient heurtés violemment à propos d'une fontaine, disputée ensuite pendant des siècles par leurs descendants. Démontée sous la Révolution, puis replacée sur ordre de Louis-Philippe, elle avait fini par être transportée, à la République naissante, quelque vingt kilomètres plus loin, dans un village qu'il demandait à visiter avant de rentrer à Paris...

De la même manière, il se plaisait à révéler aux meilleurs spécialistes de nos grands auteurs l'analyse ou l'anecdote qui éclairait d'un sens nouveau un passage jusqu'alors plus ou moins obscur.

Aucun témoin n'oubliera non plus ses interventions en Conseil des ministres, face à ses amis comme à ses adversaires des deux cohabitations.

Que l'actualité de la politique étrangère le conduisît à remonter aux sources de l'histoire locale et défilait alors, dans le silence déférent et admiratif du salon Murat, le passé véridique d'un minuscule coin du monde. Il expliquait pourquoi, dans une lointaine bourgade partagée entre l'Albanie et le Monténégro, la mémoire collective des habitants porte encore les stigmates d'un affront ancestral ayant nourri les haines villageoises pendant des siècles. Ceci relaté avec force détails, dates, lieux, noms. Le Président rappelait les drames vécus depuis par la population et les conséquences toujours vivaces de ce lourd tribut. Tous comprenaient, subitement, le pourquoi de la guerre, de la paix, de telle revendication permanente bien qu'anodine et hors d'âge, de tel vote à l'ONU, de l'indéfectible amitié ou de la hargne inaltérable entre les dirigeants concernés. François Mitterrand apprenait, en somme, à ses ministres stupéfaits ce qui n'a jamais figuré dans les vieux manuels de leurs lycées...

Le Président accompagnait son immense savoir d'une fidélité sans faille à ses plus grands engagements : la liberté, la République, le suffrage universel, l'École, le socialisme, l'Europe, la paix, l'aide au tiers-monde. Cet ensemble, auquel aucune force, aucune pression ni aucune mode n'aurait pu le faire renoncer, donnant lieu à des réflexions philosophiques extrêmement pertinentes et que nous n'avons pas fini de méditer.

Ce faisant, il ne se départait jamais d'un sens aigu et fulgurant de la repartie, ni d'un humour incisif dont nul – ami ou pas – n'était à l'abri. Me revient à l'esprit cette réplique à un auteur qui lui annonçait la publication de son quarantième livre : « Mis bout à bout, ça finira pas faire une œuvre ! » Ou encore cette confidence à Roland Dumas à l'annonce de la mort de Charles Hernu : « Seul ce pauvre Charles ne sait pas qu'il est mort ! »

N'étant pas exempt de défauts, et s'il savait se montrer acide, nul n'était plus délicat et généreux que François Mitterrand. Les qualités qui ont toujours imprégné ses actes y sont sans doute pour beaucoup : son amour immodéré de la France, ses dispositions naturelles à l'indiscipline et à la désobéissance, qui en faisaient un révolté permanent, son refus des contraintes – bien qu'il s'y soit plié avec panache pendant ses deux septennats –, son attirance pour les minorités incomprises et martyrisées, sa haine de toutes les violences, son attachement à ses amis, sa prévenance pour les plus humbles, enfin son robuste bon sens paysan.

Confronté à un choix aussi étendu, comment retenir telle pensée plutôt que telle autre ?

Plusieurs considérations m'ont guidé.

D'abord, je n'ai sélectionné que des citations dont l'origine est certaine, et qui ne nécessitent pas de longues explications sur leur contexte. J'ai donc renoncé à reproduire des extraits de nos innombrables conversations en tête à tête : n'ayant pris aucune note au jour le jour, je ne puis rien dater.

Ensuite, j'ai volontairement regroupé ces pensées dans une dizaine de têtes de chapitres seulement, pour ne pas risquer de diluer l'essence même de l'esprit si percutant de François Mitterrand, et permettre au lecteur de s'imprégner du climat qui émanait de ce personnage d'exception qui ne nous quitte pas.

Je tiens enfin à remercier Mazarine Pingeot, titulaire du droit moral des œuvres de son père, d'avoir bien voulu se divertir de ses brillantes études supérieures pour lire ce travail et lui donner son approbation.

Michel CHARASSE,
juin-août 1997.

SUR LUI-MÊME, LES PENSÉES PERSONNELLES

Ceux de mes ancêtres dont je porte le nom étaient bourgeois de Bourges. [...] Ces Français de pleine terre n'étaient pas de juste milieu. Catholiques, ils priaient le Christ aux bras levés de jansénisme. Incroyants, ils militaient pour la déesse Raison. Étaient-ils excessifs ? Ce mot n'est pas berrichon.

(Ma part de vérité)

*

Sur sa famille :
On était patriotes jusqu'aux saintes colères avec, heureusement, un côté Barrès et *Colline inspirée* et, moins heureusement un côté René Bazin et *blé qui lève*. Soyons juste : Barrès l'emportait sur Bazin. Concession faite à l'attendrissement dû à la France éternelle on gardait bon œil et bon goût.

(Ma part de vérité)

*

Il n'y a de Mitterrand que du Berri. Ce nom de famille [...] signifie pour certains des miens qui préfèrent la poésie à la philologie « milieu des terres », et un champ qui se trouve, en effet, au centre géographique de la France, près de Bruère-Allichamp, s'appelle le champ des Mitterrand. Mais la philologie se venge et révèle avec Albert Dauzat que le mitterrand est un mesureur de grains, modeste profession qui s'exerçait dans les foires.

(Ma part de vérité)

*

Il est difficile aux Berrichons de réussir en politique. Eux qui sont français d'avant la France n'ont pas assez d'une vie pour prouver qu'ils ne le sont pas moins que les derniers venus. Ah ! soyez lorrain ! [...] On vous fera prince aussitôt. Prince lorrain, évidemment. Naître à quelques lieues de la ligne bleue des Vosges vous dispensera d'avancer la preuve que vous n'avez pas vendu de secrets militaires. Vous serez photographié aux réceptions du *Figaro*. Un brin de plume vous enverra à l'Institut avec dix ans d'avance. Belle économie de temps et de patience ! Mais les Berrichons sont patients.

(Ma part de vérité)

*

Sur la génération de ses parents :
À l'époque, quand on était catholique dans une petite ville de province, on se classait automatiquement à droite. La messe séparait le bon grain de l'ivraie.

(Ma part de vérité)

*

L'enfance passe très rapidement. Et encore, il y a plusieurs enfances. Si vous regardez un enfant qui vient de naître, dites-vous bien que ce ne sera pas le même enfant, physiquement et, sans doute, moralement et intellectuellement dans trois mois, dans dix mois. Ensuite, il se cristallisera vers deux ou trois ans, et c'est un enfant qui changera, qui ne sera pas le même tous les trois ou quatre ans. Quand on regarde un enfant, il faut toujours se dire qu'on ne le connaîtra que l'espace d'un instant, que déjà un autre enfant lui succédera. On voit toujours son enfant pour la dernière fois.

(Mémoire à deux voix)

*

L'étranger commence hors du cercle familial. Chez nous, comme nous recevions peu, les invités entraient comme par effraction.

(Mémoire à deux voix)

*

Jamais je n'ai été froissé, ni brutalisé dans la première saison de ma vie. Mon enfance fut épargnée par la guerre. En 1923, j'avais sept ans, je vivais plus d'espoir que de regret ou de douleur. Bref, danger majeur, j'aurais pu être angélique !

(Mémoire à deux voix)

*

Mon père était un homme silencieux. Il ne parlait vraiment que lorsqu'il avait quelque chose à dire. Ce qui est rare ! Et même tout ce qu'il avait à dire, il ne le disait pas.

(Entretien avec Jean-Yves Boulic dans *Questions sur l'essentiel*)

*

La bicyclette fut la fusée porteuse de mon entrée dans l'espace. J'avais avant elle regardé l'horizon comme on a regardé la lune depuis l'origine des temps.

(Ma part de vérité)

*

J'étais très timide et je bafouillais à dix-huit, vingt ans. Et puis la vie... j'ai appris à me forcer, à m'obliger. Et je suis devenu naturel.

(*Globe*, 13 mars 1986)

*

À l'université, j'étais intimidé par mes camarades socialistes. Mon collège d'Angoulême ne m'avait pas formé aux disciplines marxistes. Marx et Engels étaient, je le suppose, tabous par 46° de latitude nord.

(Ma part de vérité)

*

Les mots en « isme » ne résolvent aucun problème. Confier sa destinée à une personne morale imprécise et inanimée, et crier haro sur l'individu n'avance guère. Il s'agit de comprendre qu'on n'améliore une société qu'en travaillant à sa propre perfection.

(Revue *Éphémère*, 1er août 1941)

*

J'étais gêné d'entendre la gauche marxiste parler un français traduit de l'allemand. Les mots en « ion » et en « isme » m'écorchaient les oreilles.

(Ma part de vérité)

*

J'ai quelque tentation politique. J'adhérerais bien au parti SFIO, mais il rassemble tant de vieilles cloches ! Les communistes m'embêtent. Les autres sont des jean-foutre. Reste l'inconnu...

(Lettre à Georges Dayan, 15 juillet 1945)

*

J'aimerais que le destin de tous ceux que je rencontre soit une proie où je pourrais faire à ma volonté des incursions. Comment Dieu a-t-il pu créer le monde sans que je sois à l'origine ?

(Lettre à Marie-Claire Sarrazin, janvier 1938)

*

S'il était vrai que j'eusse été d'extrême droite dans ma jeunesse je jugerais plus honorable d'être où je suis aujourd'hui que d'avoir accompli le chemin inverse, où l'on se bouscule, semble-t-il.

(Ma part de vérité)

*

Je ne suis pas né à gauche, encore moins socialiste, on l'a vu. Il faudra beaucoup d'indulgence aux docteurs de la loi marxiste, dont ce n'est pas le péché mignon, pour me le pardonner. J'aggraverai mon cas en confessant que je n'ai montré par la suite aucune précocité. J'aurais pu devenir socialiste sous le choc des idées et des faits, à l'Université par exemple, ou pendant la guerre. Non. La grâce efficace a mis longtemps à faire son chemin jusqu'à moi.

(Ma part de vérité)

*

Pour parler de l'armée en connaissance de cause, il faut avoir été deuxième classe.

(Revue *L'Homme libre*, 22 juin 1945)

*

Être soldat, pour nous qui fûmes appelés en 1937, c'était apprendre de quelle manière un citoyen honnête dans sa médiocrité pourrait s'accoutumer dans le minimum de délai à la saleté, à la paresse, à la boisson, aux maisons closes et au sommeil.

(Revue *L'Homme libre*, 22 juin 1945)

*

Nous sommes allés au service militaire sans bonne grâce. Tomber sous la coupe de sous-officiers à l'intelligence aussi déliée que celle du bélier ne suscite pas particulièrement l'enthousiasme.

(Revue *L'Homme libre*, 22 juin 1945)

*

Les Allemands durant la Seconde Guerre mondiale :
Leur accent m'irritait plus que leurs chars. Cette façon de commander, d'ordonner à la plus vieille nation du monde, eux qui n'avaient pas deux siècles derrière eux !

(Mémoires interrompus)

*

C'est dans la Résistance que je m'habituai à pratiquer les communistes. De ce temps datent des amitiés que les années n'ont pas atténuées. Parmi d'autres bienfaits que je leur dois, ils m'ont rendu le service de m'apprendre à ne pas fermer l'œil si je voulais éviter d'être écrasé par leur redoutable machine. Équilibre difficile à préserver entre la vigilance qui ne permet rien et la confiance qui permet tout. J'en suis toujours là.

(Ma part de vérité)

*

L'officier de notre entre-deux-guerres ne cherchait guère à modifier les conceptions assez sommaires qu'il pouvait avoir sur l'homme en général et le Français en particulier. Sa philosophie se résumait dans la devise bien connue : « Faut pas chercher à comprendre. »

(Revue *L'Homme libre*, 22 juin 1945)

*

Mitterrand prisonnier de guerre :
Coupés du monde, nous nous appliquâmes à édifier notre propre société. L'ordre des premiers mois avait reposé sur la domination du couteau et la hiérarchie de la jungle. Il fut vite balayé et le couteau devint, en divisant exactement la boule de pain, l'instrument même de la justice.

(La Paille et le Grain)

*

Vichy est une ville affreuse (pas désagréable, pas ennuyeuse : laide), rien qui vous arrête le regard, des hôtels mafflus ou sottement linéaires, des villas prétentieuses plantées là selon le goût douteux de grosses femmes. On devrait raser les villes d'eaux. Nos imbéciles de petits-enfants les trouveront belles parce qu'anciennes.

(Lettre citée par Pierre Péan, *Une jeunesse française*, 22 avril 1941)

*

Sur le port de la moustache en 1944 :
Pour la première et seule fois de ma vie j'ai porté la moustache. L'expérience ne s'est pas révélée concluante. J'avais l'air d'un danseur de tango argentin.

(Mémoires interrompus)

*

Sur l'ouvrage de Pierre Péan, Une jeunesse française *:*
Observez que les témoins rencontrés par Péan – dont certains sont des amis – aiment, comme tous les témoins, à se placer au centre de l'histoire. Ah ! si on les avait écoutés ! Tout eût été mieux, assurément. Rien de moins sûr qu'un vrai témoin. Demandez-lui donc la couleur de votre cravate le jour du crime !

(Mémoires interrompus)

*

À la suite des accusations concernant l'obtention de la Francisque :
Quand je me suis évadé la première fois d'Allemagne, à pied, j'ai fait 22 jours et nuits de marche, depuis la Thuringe jusqu'à la frontière suisse, avec un petit insigne sur mon imperméable, celui du NSDAP [le parti nazi]. Le jour où j'ai trouvé cet insigne, j'étais très content. Ne va-t-on pas dire que j'ai été nazi maintenant ? [rire]

(*Le Figaro*, 8 septembre 1994)

*

Je me souviens de ce cortège d'enterrement croisé sur une route du Limousin au retour d'une brève mission qui, en 1945, m'avait conduit au camp de Dachau, le jour même de sa délivrance par les troupes américaines. J'avais la tête encore pleine d'horreur anonyme. [...] Ce corbillard tiré par un cheval et qui suivait tout un village, vêtu de noir, avec, par-devant, le curé qui chantait à voix forte le rituel latin tout en guettant la menace d'une ondée et en aiguillonnant du bout du parapluie l'unique enfant de chœur, me semblait sortir d'un âge disparu. Hé quoi ! pensai-je : un mort individuel escorté de la sorte, quel prince anachronique !

(L'Abeille et l'Architecte)

*

Je me suis incrusté dans l'opposition à la Ve République pendant vingt-trois ans. Quelque chose en moi me dictait que nul n'avait à disposer de moi.

Attitude d'esprit fâcheuse dans un système parlementaire, classique ou non, qui n'aimait pas les francs-tireurs.[...] Bref, j'étais inclassable. Ce qui permettait au vulgaire de me classer partout.

(Mémoires interrompus)

*

Au consul de France à Florence qui lui demande la prononciation exacte de son nom :

– *Mitran ou Mitterrand ?*

– Mitterrand, comme Talleyrand[1].

(Rapporté par Catherine Nay, *Le Noir et le Rouge*)

*

Je ne voudrais pas offenser ceux de mes amis inconnus qui prononcent « Mitt'rand », mais il est vrai que ceux qui le font sont généralement des gens qui ne m'aiment pas.

(Entretien avec Bernard Pivot)

*

Mitterrand : c'est un nom très commode pour les signatures, car il est long à tracer, ce qui me laisse le temps de lire les documents qu'on me soumet.

(Mitterrand par Mitterrand)

*

1. Mitterrand détestait Talleyrand.

Ou il me faut un gros travail qui avale mes journées, ou rien du tout et le farniente le plus absolu ; autrement, je me sens en déséquilibre.

(*Correspondance*, 21 juin 1942)

*

Je me sens social-démocrate, c'est-à-dire que je ne tente jamais une réforme lorsque je suis sûr qu'elle échouera.

(Cité par Jacques Attali, *Verbatim I*, août 1981, à Olaf Palme)

*

Il faut l'échec en France pour acquérir le nimbe du prestige, pour se voir reconnaître l'infaillibilité. Je suis sur la bonne voie.

(Ma part de vérité)

*

Quelle rentrée ! On m'aura tour à tour accusé d'être un corrupteur, un voleur, un nazi, d'avoir une fille, d'avoir des amis socialistes. J'attends maintenant des « révélations » du genre « Mitterrand : homosexuel », mais là, ils pourront fouiller, ils ne trouveront rien !

(Cité par M. Michel Martin-Rolland, novembre 1994,
La Décennie Mitterrand)

*

En 1968 :
Je suis l'homme le plus haï de France. Cela me donne une petite chance d'être un jour le plus aimé.

(Mitterrand par Mitterrand)

*

C'est seulement à partir du moment où cesseraient contre moi les insultes que je me demanderais si je sers encore. Tant qu'elles dureront, je pense que l'heure de ma retraite n'est pas venue.

(*Club de la presse,* 30 septembre 1979)

*

– *La polémique, est-ce chez vous une nécessité ?*
– Une distraction, une concession que je fais à moi-même. Je ne veux pas blesser. Et les bons mots sont meurtriers pour ceux qui les disent.

(Politique II)

*

– Je me sens dans la peau d'un bon serpent qui n'a pas l'intention de jeter de venin sur qui que ce soit.
– *Un bon boa ?*
– C'est un animal dangereux, qui étouffe, même s'il n'a pas de venin.

(*L'Express,* 6 juillet 1995)

*

« Mitterrand, fous le camp ! » C'est une rime, mais enfin c'est une rime pauvre.

(TF1, 15 décembre 1985)

*

– *Vous préférez sans doute qu'on parle de « Tonton-mania » plutôt que de « Mitterrandolâtrie » ?*
– C'est plus mignon, non ?

(Entretien avec Bernard Pivot)

*

Je vous mentirais si je vous disais que je m'imaginais spontanément en batracien divinisé mais la grenouille de bébête-show me fait rire même si je la trouve plus agitée et plus criarde que nature.

(Au journal *À suivre*, 26 janvier 1989)

*

Je ne suis pas du tout un gastronome – je ne crache pas dessus, je préfère bien déjeuner que mal – mais cela ne va pas plus loin que ça. [...] Je préfère les choses simples, familiales. J'ai été élevé comme cela dans mon enfance et les productions sophistiquées me lassent un peu. Je ne suis pas habitué à choisir des plats compliqués.

(France Inter, 30 novembre 1988)

*

Mitterrandisme, c'est long, la phonétique est un peu choquée, non, *mitterrandisme*, ça ne m'intéresse pas.

(Europe 1, 9 décembre 1986)

*

J'ai systématiquement supprimé les déjeuners en ville depuis quelques années. Je me suis rendu compte que ce sont de mauvaises mœurs. Nourritures et vins trop riches créent une euphorie et font tenir des propos dont le soir il ne reste rien, sinon une gêne. Ces déjeuners créent des relations totalement factices.

(*France-Soir,* 12 mars 1975)

*

– J'aime beaucoup les Américains.
– *Ils ne sont pourtant pas socialistes.*
– Non, certes. Il m'est arrivé aussi de trouver de l'intérêt à des jeunes femmes qui n'étaient pas socialistes non plus.

(Entretien avec Pierre Desgraupes, *Le Point,* 15 janvier 1973)

*

Sur les femmes :
– Dans les travaux auxquels elles se livrent, elles apportent application, ténacité, intuition. [...] Si elles ont un jour le pouvoir, ce ne sera peut-être pas comme ça...

– *Elles seront moins tenaces, moins courageuses, moins travailleuses ?*
– Elles feront travailler les hommes !

(*Marie-Claire,* avril-mai 1994)

*

Ces dernières années dans un sondage où l'on demandait aux femmes : « Qui aimeriez-vous avoir pour amant ? » j'avais remarqué avec sérénité, et peut-être un peu de dépit, que 3 % de femmes me citaient. Il est vrai qu'à 75 ans, mon âge, à cette époque...

(*Marie-Claire,* avril-mai 1994)

*

J'ai approché pendant dix ans, dix de trop, ce milieu dit du Tout-Paris qui répète indéfiniment les mêmes choses sur le même ton sans se lasser de son ennui, persuadé qu'il exerce un gouvernement sur les mœurs alors qu'il n'inspire même plus les modes. J'étais séduit, eh oui ! par ce qui maintenant m'exaspère, le cocktail de petites drogues que s'administre à longueur d'existence une société qui croit apaiser ses passions quand elle n'a que des besoins.

(L'Abeille et l'Architecte)

*

Un quotidien commente ce matin le résultat de l'élection et s'apitoie. « Le destin ne l'aime pas », écrit-il de moi, sans qu'on devine s'il suggère « tant mieux » ou « quel dommage ». [...] Je lis et je ris. Que savent-ils de mon destin ? Le destin de la Seine est-il d'arroser Paris ou bien d'aller à l'océan ?

(La Paille et le Grain)

*

J'aurais détesté les gestes, les paroles qui, toujours, au lieu de vous admettre, vous repoussent : mes amis n'ont jamais eu besoin d'autre chose que du silence que je leur permets.

(Mémoires interrompus)

*

Je n'aime pas beaucoup l'étalage des sentiments. Je n'ai pas bien compris une réplique qui s'adressait à moi et qui a eu son heure de succès : « Vous n'avez pas le monopole du cœur. » Je n'apprécie pas plus ce monopole-là que les autres.

(*Globe,* 13 mars 1986)

*

Écrire, c'est vider son sac.

(Entretien *Le Quotidien de Paris,* 7 novembre 1980)

*

Si j'en avais le temps, j'écrirais l'histoire des fleuves que j'ai connus. Mais il devient de plus en plus clair que je ne l'aurai pas. La vie est trop courte pour vivre. On découvre trop tard que la merveille est dans l'instant.

(*La Paille et le Grain*)

*

J'ai aimé et j'aime écrire en en connaissant les difficultés, quelquefois la souffrance, mais j'ai choisi l'action. Si je peux avoir deux ou trois vies, je les prendrai, et j'alternerai peut-être...

(Entretien avec Bernard Pivot)

*

– *C'est dur la mémoire littéraire. Elle est très dure. Elle est quand même plus dure que la mémoire politique.*
– Donc, à votre avis sur le plan de la simple vanité, j'ai bien choisi !

(France 2, 14 avril 1995)

*

Je suis et reste de ma province. Mon écriture s'en ressent comme on a un accent.

(*L'Abeille et l'Architecte*)

*

Je ne supporte pas l'idée d'une feuille de papier froissée avant qu'elle n'ait servi à quelque chose d'utile. J'ai une sorte de respect à l'égard du papier. C'est peut-être bizarre, j'ai comme une petite souffrance de gâcher.

(François Mitterrand : portrait total)

*

D'habitude, je prends des notes à la diable sur des bouts de papier que je perds plus souvent qu'ils ne servent. Je me méfie du premier mouvement, de cette « illusion lyrique » qui me plonge à coup sûr dans le pathos. Que d'inutilités ! Un bon cognac passe deux fois à l'alambic.

(La Paille et le Grain)

*

Sur ses expériences journalistiques :
Dans un quotidien, c'était facile. Dans un hebdomadaire, je ne savais que dire. Quant à un article mensuel, c'était la croix et la bannière ! Comme on ne peut y traiter de l'actualité immédiate, on a très vite tendance à reconstruire le monde à chaque numéro.

(Mémoires interrompus)

*

L'œuvre écrite, parce qu'elle extirpe de l'informe une forme, est, certes, une création, mais il y a des degrés : entre l'amibe et l'homme, j'ai le sentiment de me situer plus près de l'amibe que de la création achevée.

(Mémoire à deux voix)

*

Étant par nature insatisfait, je pense être resté très en dessous de mes ambitions et, d'une manière générale, je donne raison aux critiques que l'on me fait, même si mes adversaires ont tort de condamner en bloc mon action, et de façon définitive. Mon avis est plus mitigé, bien sûr.

(Mémoire à deux voix)

*

Je n'éprouve pas de difficultés à m'adapter aux circonstances, phrase qui suscitera les commentaires qu'on devine sur mon personnage tel que les gazettes le dépeignent, ondoyant et divers. Ce qui m'amuse à l'avance.

(La Rose au poing)

*

Ne croyez pas que je m'illusionne sur la durée de la postérité. Au mieux, c'est le temps d'existence de la planète.

(Mitterrand par Mitterrand)

*

Sur les nombreux ministères exercés sous la IVe République :
Je n'ai pas couru après les portefeuilles, même si cela me plaisait de participer au gouvernement de la France. Mais pour être juste, ce n'est qu'avec le temps que j'ai acquis le sens des proportions.

(Politique II)

*

Une tare terrible : on me disait autrefois que j'étais entêté. Je le remarque aujourd'hui et je distingue la cause : mon entêtement est une forme de fidélité. Je suis fidèle et cela tue. Surtout quand on veut se mêler de politique.

(Lettre à Marie-Claire Sarrazin, 5 juillet 1942)

*

J'ai une certaine timidité naturelle. [...] Il me sera difficile de tutoyer quelqu'un que je n'aurai connu que depuis quatre, cinq ou dix ans.

(TF1, portrait par Jean-Claude Héberlé, 30 septembre 1976)

*

On m'a caricaturé : fermé, fin renard, mystérieux. Le « mystère » était dans ma timidité.

(Entretien avec Philippe Labro, *Le Point,* 22 avril 1991)

*

J'ai un trait de caractère qui n'est jamais relevé, malgré tout ce qu'on a dit de moi, et je le souligne d'autant plus que c'est sans doute un défaut : je suis d'une colossale indifférence.

(*L'Événement du Jeudi*, rapporté par Liliane Sichler, 16 juillet 1987)

*

Je ne cherche jamais à rassurer ceux de mes contradicteurs qui emploient l'eau-forte plutôt que la taille-douce dès qu'ils s'occupent de graver mes traits à l'intention de l'opinion publique. Ce n'est ni de l'indifférence ni de l'insolence. Je n'aime pas qu'on ne m'aime pas, voilà tout.

(*Ma part de vérité*)

*

Si j'aime qu'on m'aime, bien sûr, il ne faut pas m'en vouloir.

(Europe 1, 5 mai 1988)

*

Je ne crois pas beaucoup aux compliments même quand ils me font plaisir.

(Entretien avec Jean-François Bizot, *Actuel*, décembre 1987)

*

Je mets longtemps à me décider; mais quand j'ai décidé, j'agis vite. C'est ma façon d'être prudent.

(Entretien *Le Point*, 15 janvier 1973)

*

– *Vous avez la réputation d'être un peu méfiant.*
– Je fais toujours confiance à ceux que j'ai choisis. Je suis toujours méfiant avant de les choisir.

(Ici et maintenant)

*

« Habile » ? Selon vous, mon habileté frappe au premier abord. Ce serait alors une habileté bien naïve. « Calculateur » ? Sûrement. Vous préféreriez un homme politique qui ne calcule rien ?

(*Le Nouvel Observateur*, 16 août 1971)

*

Ma vie politique est ainsi faite : incapable d'avancer d'un pas sans avoir rassemblé toutes les ressources de ma raison, incapable de m'arrêter sans avoir épuisé les réserves de ma volonté. Je n'abandonne au hasard que la part qui lui revient.

(L'Abeille et l'Architecte)

*

Enfant j'avais confié « je veux être roi ou pape »... N'y voyez pas un instinct de puissance débridé ! J'aurais pu aussi bien désirer être vainqueur du Tour de France ou champion de Wimbledon ! Quoi qu'il en soit, si j'ai aujourd'hui le pouvoir d'un monarque constitutionnel, je n'ai pas encore celui d'un pape. C'est raté !

(*Globe*, 13 mars 1986)

*

Je ne veux pas dire : j'ai réussi ma vie parce que je suis président de la République. Disons que, sur le plan de la vie politique, ce n'est pas si mal que ça.

(Europe 1, 9 décembre 1985)

*

Les gens sont naturellement gentils, ils aiment bien recevoir. Alors, ils mettent les petits plats dans les grands. Moi, cela m'embarrasse un peu, parce que je ne veux pas vivre toute ma vie avec les grands plats.

(Entretien France Inter, 30 novembre 1988)

*

Quand j'avais vingt ans, je trouvais que quelqu'un de quarante ans était déjà décati. Quand j'en ai eu quarante, j'ai reporté l'échéance. Et même quand j'avais soixante ans, je trouvais qu'à soixante-dix cela ne marchait plus : j'en ai soixante-dix et mon sentiment reporte encore un peu...

(Conférence de presse à Bamako, 16 novembre 1986)

*

Chacun de mes anniversaires est une victoire contre le temps. J'ai le sentiment d'avoir gagné une petite bataille contre un ennemi imaginaire qui, de toute façon, gagnera la guerre.

(26 octobre 1987, Jacques Attali, *Verbatim II*, 1986-1988)

*

Quand on arrive à ce moment de la vie, ce qu'il faut éviter, ce sont les rendez-vous annuels, des anciens du collège par exemple. Quand par hasard on y va, on en revient en disant des autres : « Qu'est-ce qu'ils ont pris ! »

(Vœux à la presse, 5 janvier 1989)

*

Moi, ma vie, maintenant, elle commence à se raccourcir sérieusement... en même temps qu'elle s'allonge.

(Conférence de presse, Bonn, 3 novembre 1989)

*

À l'approche de la présidentielle de 88, Mitterrand réagit à des propos faisant allusion à son âge :
Quand on vous dit que vous n'êtes pas capable, vous avez toujours envie de dire « chiche », et de démontrer le contraire. Les vivants ont horreur qu'on les enterre, c'est un réflexe naturel.

(*Le Canard enchaîné*, 9 septembre 1987)

*

Ce n'est pas que cela me choque quand on parle de mon âge parce que je suis le premier à le connaître.

(Europe 1, 20 avril 1989)

*

En visite à Caracas, F. Mitterrand est pris d'un malaise passager en présence de journalistes. Dans l'avion du retour, il évoque l'incident :
Vous rendez-vous compte de tous ceux qui ont frisé l'infarctus en pensant que mon heure, donc la leur, était arrivée. J'en connais trois ou quatre dans l'opposition. À peine plus au PS. Je mesure leur déception, mais je n'arrive pas à regretter, il faut me comprendre...

(*Le Canard enchaîné*, 18 octobre 1989)

*

Qu'est-ce que la vieillesse ? C'est d'abord perdre la curiosité.

(Mitterrand par Mitterrand)

*

Opéré de la prostate à l'hôpital Cochin, François Mitterrand reçoit ses visiteurs avec humour :
Tout va bien. Le problème c'est que je ne pourrai plus aller aux toilettes sans qu'on y minute ma présence.

(*Le Canard enchaîné*, 16 septembre 1992)

*

Je n'aime pas la souffrance, je détourne la tête quand on me fait une piqûre ou une prise de sang – c'est vous dire que je ne fréquente pas l'héroïsme chaque matin en me levant !

(Mémoire à deux voix)

*

Songeant aux malheurs que je connais, quand je suis tenté de penser « pourquoi moi ? » je songe aux grands bonheurs que j'ai connus. Et je ne disais pas alors « pourquoi moi ? ».

(Au journal *Sud-Ouest*, 19 août 1993)

*

Sur la souffrance :
Le mal que l'on imagine est insupportable, celui que l'on subit est presque toujours supportable.

(Mémoire à deux voix)

*

La lecture de la presse m'oblige à me tâter. On me dit malade, à bout de souffle. Les braves gens de *Minute* récitent à mon chevet la prière des agonisants. Je ne jurerai pas qu'ils se trompent. Rien de plus inquiétant qu'une bonne santé. Les statistiques jouent contre moi. Pour avoir franchi sans dommages un demi-siècle et six années de supplément, je rattrape à grands pas la moyenne au-delà de laquelle on se sent en surnombre. Si cela continue, je mourrai bien portant. Bref, ils finiront par avoir raison.

(La Paille et le Grain)

*

Le plaisir d'être malade, c'est qu'on rencontre toujours Molière.

(Vœux à la presse, 6 janvier 1993)

*

Aux journalistes qui le questionnent à propos du pseudonyme d'Albert Blot sous lequel on l'aurait inscrit au Val-de-Grâce :
Tant qu'à faire, j'aurais plutôt choisi Blum que Blot.

(*Le Canard enchaîné,* 25 novembre 1989)

*

[...] On va finir par dire que si le gouvernement recourt aux ordonnances, c'est parce que je suis malade.

(*Le Canard enchaîné,* 25 novembre 1989)

*

L'autre jour, un jeune député UDF déclarait à la télévision : «Je suis né à une époque où M. François Mitterrand était déjà ministre des Anciens Combattants. » Il voulait sans doute dire que j'étais très vieux parce que j'ai quelque soixante et un ans. Évidemment, cela lui arrivera aussi, je le lui souhaite.

(*Club de la presse,* 16 mars 1978)

*

Je sais ce que je devrais faire pour être élu à la présidence de la République. Me laisser pousser une énorme barbe blanche, devenir assurant, être – enfin – un vrai vieillard ! [...] La polémique autour de mon âge, laissons cela. La politique, que je sache, n'exige pas forcément de gandins.

(Rapporté par Michèle Cotta dans *Le Point,* 17 septembre 1979)

*

À la veille de l'élection présidentielle de 1988, François Mitterrand s'amuse à laisser planer le doute sur son éventuelle candidature :
Si je me représente, cela aurait un avantage : je serais à peu près sûr d'avoir des funérailles nationales !

(Rapporté par Sylvie Pierre-Brossolette, juillet 1987, *Paroles de Présidents*)

*

La vieillesse n'est pas une question de mort, c'est une question de santé puisque la mort est certaine.

(François Mitterrand : portrait total)

*

Quand on atteint quatre-vingts ans, on devient un monstre sacré. C'est pour cela que j'y cours.

(Conversation avec des journalistes du Portugal, 8 avril 1987)

*

J'ai toujours eu le sentiment que je serais le tombeau du souvenir. Penser aux morts, c'est assurer la survie des gens qu'on a aimés, en attendant que d'autres le fassent pour vous. C'est un devoir de mémoire. Je me vois en gardien à la porte d'une forteresse – gardien de la mémoire, gardien du souvenir.

(Mémoire à deux voix)

*

Ce n'est pas de mourir que j'éprouverai un grand souci. C'est de ne plus vivre.

(*Le Figaro,* 8 septembre 1994)

*

– *Qu'aimeriez-vous qu'on dise de vous après mai 1995 ?*
– Que j'ai été un président équitable, avec lequel il n'y a jamais eu d'abus de droit ; que mes deux septennats furent la période de paix civique et sociale la plus marquée du siècle ; qu'enfin la France a, sous mon mandat, tenu son rang, celui d'une des premières nations du monde. Voilà, j'aimerais qu'on dise ça, parce que c'est vrai.

(*Le Figaro,* 8 septembre 1994)

*

Je ne suis pas habité par la mort, mais plutôt par l'immense interrogation qu'elle représente. Est-ce que c'est le néant ? C'est possible. Si ce n'est pas le néant, quelle aventure...

(*L'Express,* 6 juillet 1995)

*

Je suis né chrétien, et mourrai sans doute en cet état. Dans l'intervalle...

(La Paille et le Grain)

*

Sur la prière :
On a tendance à demander protection dans les moments difficiles et à oublier de remercier lorsqu'on est heureux. Tout cela me paraît donc suspect.

(Mémoire à deux voix)

*

Je suis plutôt agnostique. Ce n'est pas faute de chercher, mais je ne sais pas ce que je crois. La transcendance est un sujet qui m'importe beaucoup. Je n'arrive pas à trancher. Il serait temps...

(*Le Figaro,* 8 septembre 1994)

*

J'ai une âme mystique et un cerveau rationaliste et, comme Montaigne, je suis incapable de choisir. Je ne sais pas si je crois en Dieu mais je suis souvent tenté d'y croire.

(*Le Figaro,* 13 mars 1995)

*

– *Quand vous arriverez devant Dieu, qu'est-ce que vous lui direz ?*
– Enfin, je sais.

(Bernard Pivot, Bouillon de culture, France 2, 12 septembre 1994)

*

Je prie qu'on me juge sur la distance et non sur l'accident, sur ma vie et non sur l'instant. Classe-t-on les coureurs de fond sur leur temps de passage ?

(L'Abeille et l'Architecte)

PORTRAITS

Charles de Gaulle

De Gaulle, c'était un grand homme. Mais je n'ai pas besoin de son képi. Quand il fait froid, j'ai mon chapeau.

(*Paris Match*, 22 avril 1988)

*

Si je ne cite pas de Gaulle, on m'accuse de poursuivre une sorte de combat contre une ombre. Si je le cite, on me soupçonne de vouloir récupérer une part de son héritage.

(Entretien *L'Express*, 14 juillet 1994)

*

– On vous reproche d'oublier souvent de citer le général de Gaulle...

– Je le cite quand je le dois. Pas quand il n'y a pas de raison. Ce serait ridicule. Ils ne vous agacent pas, vous, ces moulins à prières ?

(*Le Figaro*, 9 septembre 1994)

*

De Gaulle en 1943 :

Je l'admirais, mais j'avais autant d'orgueil pour nos actions que pour les siennes. On me pardonnera ce péché de jeunesse.

(*Ma part de vérité*)

*

Sur la participation au premier gouvernement de Gaulle en 1945 :

Quand il arriva devant moi, il s'exclama : « Encore vous ! » Il y avait naturellement de l'humour dans sa remarque puisque c'était lui qui m'avait nommé. Il y avait aussi de la bonne humeur et comme un sourire dans son propos. Cela pouvait vouloir dire : « Décidément, on ne se débarrasse pas facilement de vous. » C'est comme cela que je l'ai compris... Il avait bien raison !

(*Mémoires interrompus*)

*

Sur les rapports avec de Gaulle au gouvernement de 1945 :
Il y avait chez de Gaulle un certain comportement militaire, un ton qui ne me convenait pas. Je sentais comme un fumet d'aventure personnelle.

(Mémoires interrompus)

*

J'ai quitté le gouvernement de mon propre chef, en 1957, pour n'y plus revenir. Sans aucune mélancolie. À l'exception de trois ou quatre, la société des employés du général de Gaulle, qui se sont crus ministres de la République, m'eût procuré la fâcheuse impression d'une disgrâce imméritée.

(La Rose au poing)

*

La France de 1945 :
La France de la Libération s'assoupit comme si rien ne s'était produit entre 1940 et 1944. De Gaulle, que tant de tempêtes avaient assailli sans jamais l'ébranler, s'évanouit et disparut à la première égratignure que lui fit un Parlement-Croupion.

(Mitterrand par Mitterrand)

*

Sa drôle de tête, petite pour son grand corps, son visage de condottiere frotté chez les bons pères...

(La Paille et le Grain)

*

– *Vous ne pensez jamais à de Gaulle ?*
– Il était le dernier des grands personnages du XIXe siècle. Il a illustré le XXe. Il est plus urgent de s'intéresser au XXIe.

(Entretien avec Bernard Pivot)

*

De Gaulle appartient plus au XIXe siècle qu'au XXe, [...] il inspire davantage des prestiges du passé que des promesses de l'avenir.

(Le Coup d'État permanent)

*

De Gaulle et le gouvernement en 1964 :
Les membres du gouvernement savent qu'ils dépendent d'une humeur et pour s'y adapter s'entraînent au dressage qui assouplit l'échine. La plupart y réussissent sans forcer leur nature.

(Le Coup d'État permanent)

*

Sur de Gaulle :
La France n'est pas à ce point sous-développée, malgré les efforts de quelques-uns, qu'elle ait besoin, tous les sept ans, d'hommes providentiels.

(La Rose au poing)

*

Après le référendum d'octobre 1958 et l'adoption de la nouvelle Constitution [...] il achèvera son étonnante mutation et [...] cessant d'identifier de Gaulle à la France, il identifiera la France à de Gaulle.

(Le Coup d'État permanent)

*

Sur la « traversée du désert » de De Gaulle :
Il attendait que l'histoire repasse. Il a bien fait. Ceux qui courent après l'événement ne le rattrapent pas.

(Politique II)

*

Ce vieil homme aime la France et il aime l'État. Gouverner revient pour lui à rentrer chez soi.

(Le Coup d'État permanent)

*

Avant le gage de la fidélité, de Gaulle tient en estime celui de l'obéissance.

(Le Coup d'État permanent)

*

En vérité, la majorité d'hier n'est rien par elle-même. Elle vit dans l'attente des décisions de son chef quand celui-ci se tait. Et quand il a parlé elle n'est que son écho.

(*Politique*, 4 mars 1967)

*

Sur le 13 mai 1958 :
Si vous n'avez pas le général vous aurez les colonels !

(Le Coup d'État permanent)

*

Sur la réaction des parlementaires après le 13 mai 1958 :
Et l'on assistait à ce spectacle hautement comique d'hommes qui [...] allaient partout répétant : « De Gaulle n'en a pas pour six mois. » Ils s'imaginaient face à une crise ministérielle conforme à celles qu'on réglait à l'amiable depuis dix ans. Bref, ils réduisaient de Gaulle à leur taille.

(Mémoires interrompus)

*

La justice, pour le général de Gaulle, était un moyen comme un autre de gouverner. Au même titre que la police.

(La Rose au poing)

*

On ne peut pas dire que de Gaulle manque d'une politique étrangère. Il les a toutes. L'une après l'autre. Parfois en même temps.

(Le Coup d'État permanent)

*

Autrefois de Gaulle était de Gaulle. Il n'est maintenant qu'un gaulliste.

(9 février 1967, cité dans *Politique*)

*

La France s'ennuyait avec M. Guizot. Elle s'est ennuyée avec M. Pompidou et plus encore avec M. Couve de Murville. Rien que de très normal. Le général de Gaulle a toujours besoin d'un Guizot. Le spectacle à sensation, c'est lui qui le donne et lui seul.

(Ma part de vérité)

*

Le général de Gaulle, depuis que la politique l'occupe, néglige quelque peu la définition classique que nous enseignait le « manuel du soldat » : commander, c'est donner un ordre et veiller à son exécution. Il a édicté des élections libres en Algérie. Je vous vois peu pressé de jurer qu'elles l'ont été.

(*La NEF*, janvier 1959)

*

De Gaulle en 1964 :
Ce passionné du pouvoir absolu souffre qu'on nomme ce pouvoir dictature. D'où l'entêtement presque douloureux qu'il montre à exhiber les faux papiers de la Ve République.

(Le Coup d'État permanent)

*

De Gaulle a dû rire souvent du personnage légué à sa légende. Je ne pense pas qu'il ait jamais songé à changer quoi que ce fût à la société de son temps. Il a jeté la participation aux ouvriers comme on lance des miettes aux pigeons de Saint-Marc, et faisait du social comme on fait du tourisme.

(L'Abeille et l'Architecte)

*

C'est un contresens assez habituel que d'habiller en visionnaire ce pragmatique dont le génie tint au coup d'œil sur l'immédiat. L'avenir ne le hantait pas. Je crois qu'il est mort sans chagrin.

(L'Abeille et l'Architecte)

*

Lors des élections de 1965 :
Comment choisir un président de la République ? Si j'entends bien le général de Gaulle, il ne faut le choisir ni à droite, ni à gauche, ni au centre. Alors je cherche en vain. Faudra-t-il donc le recruter ou bien dans la maison Royale, ou bien dans la maison Rothschild, ou bien au Jockey-Club ?

(17 décembre 1965, cité dans *Politique*)

*

Combien de mes contemporains pourraient résumer trente ans de leur vie par un « de Gaulle et moi » ! Je ne tomberai pas dans ce travers.

(La Paille et le Grain)

*

Sur le succès du PS *en 81 :*
C'est aussi une victoire posthume de De Gaulle, car de Gaulle a laissé à la France des institutions qui ont permis l'alternance. [...] Si la droite veut me démolir, il va falloir d'abord qu'elle démolisse sa propre Constitution, et je lui souhaite bien du plaisir.

(*Le Canard enchaîné*, 17 juin 1981)

*

Finalement, la démocratie faisait souffrir de Gaulle. Moi aussi, mais j'ai fini par m'habituer.

(*Le Figaro*, 9 septembre 1994)

*

Sur le Conseil constitutionnel :
Cour suprême de musée Grévin [...], il n'a jamais eu d'autre utilité que de servir de garçon de courses au général de Gaulle chaque fois que ce dernier a cru bon de l'employer à cet usage.

(Le Coup d'État permanent)

*

Le temps de Charles de Gaulle a été le temps des ruptures. Mais si les institutions ont changé par lui et les techniques sans lui, les mœurs ont changé contre lui. Quant aux structures économiques, elles sont restées telles qu'elles étaient avant lui.

(La Paille et le Grain)

*

Le régime gaulliste :
Cette vérité n'est pas d'aujourd'hui : mieux vaut sous une dictature tuer père et mère que mal penser. [...] Le parricide enfreint la plus évidente règle morale de la société des hommes, mais, hors le geste inconsidéré qui consiste à se rendre soi-même orphelin, rien n'autorise à considérer *a priori* le parricide comme un mauvais citoyen.

(Le Coup d'État permanent)

*

Le gaullisme d'aujourd'hui, en dépit du ralliement de la droite traditionnelle, qui, elle, a des usages, se recrute dans un milieu d'anciens demi-solde qui ont appris beaucoup de choses en roulant leur bosse, sauf à distinguer l'argent de poche de l'argent public.

(La Paille et le Grain)

*

Sur la IVe République :
Je suis entré dans l'opposition plusieurs mois avant le 13 mai et l'arrivée de De Gaulle. Je ne pouvais me résoudre à dépendre des petites vagues d'un petit régime dirigé par de petits hommes politiques.

(Mémoires interrompus)

*

Le gaullisme :
Ce conformisme, cette impossibilité d'imaginer un monde différent de celui qu'avait bâti le XIXe siècle, cette soumission aux idées reçues...

(Ma part de vérité)

*

Aux gaullistes, débat sur le découpage électoral :
Le gaullisme, il y a longtemps, était une mystique, vous en avez fait un peu plus tard une politique, maintenant vous en faites une cuisine.

(Assemblée nationale, le 20 mars 1964)

*

Aux députés gaullistes :
Vous avez fait de la résistance intérieure et du gaullisme un magasin d'objets de piété dont vous tirez profit.

(*JO*, Assemblée nationale, 4 juin 1953)

*

Le génie du gaullisme consistait à réveiller la France en endormant les Français.

(Ma part de vérité)

*

Sur le régime gaulliste :
On peut librement s'assembler (sauf lorsqu'il s'agit de défendre les libertés individuelles en Algérie comme en France), on peut librement écrire (sauf lorsqu'il s'agit de préciser les contours de « la paix des braves »), on peut librement parler à la radio-télévision (sauf quand on est membre de l'opposition), on peut librement aller et venir (sauf dans les départements français d'Afrique du Nord), on peut librement parler (sauf quand on est fonctionnaire au Maroc et en Tunisie). Bref, on reste libre de faire ce que le gouvernement n'a pas encore interdit.

(*La NEF*, janvier 1959)

*

Les hommes au pouvoir ne sont pas près d'y renoncer. Je l'ai déjà relevé : ils nous menacent du coup de Prague et ne s'empêchent pas de rêver au coup d'Athènes.

(La Rose au poing)

*

Le gaullisme, après tout, n'est peut-être qu'un poujadisme aux dimensions de l'univers.

(Le Coup d'État permanent)

*

Nous pensons, nous, que la grandeur de la France consiste à refuser de confondre l'amour de la patrie avec l'insolence de l'orgueil national. Sachez que si j'aperçois bien, sur les bancs de la majorité, quelques gaullistes de légende, j'en vois beaucoup d'autres qui ne sont que des gaullistes de brocante.

(*JO*, Assemblée nationale, 2 décembre 1964)

*

J'appelle le régime gaulliste dictature parce que, tout compte fait, c'est à cela qu'il ressemble le plus.

(Le Coup d'État permanent)

*

À la suite d'une prise de position gaulliste d'un haut dignitaire de la médecine :

Entre le cancer et l'opposition, le professeur Mathé, qui s'y connaît, n'hésite pas : plutôt le cancer. Et voilà ce que le gaullisme a fait d'un savant ! (Avant d'abandonner ce manuscrit à l'éditeur je l'ai montré à l'un de mes amis qui m'a dit : « Mais non, vous êtes injuste, le gaullisme a besoin de savants et s'il a baptisé imprudemment savant un mirliflor ce n'est pas un péché mortel. Il a bien fait de Michel Droit un écrivain, de Jean Cau un penseur et de Roger Stéphane un moraliste. »)

(Ma part de vérité)

André Malraux

Je me demande si Malraux n'appartient pas à cette lignée d'écrivains dont le génie s'exprime tout entier dans la conversation et se dissipe dans l'écriture.

(La Paille et le Grain)

*

Malraux était un grand acteur et comme tous les grands acteurs, possédait un fond de sincérité qui ajoutait à son talent.

(Mémoires interrompus)

*

J'ai perçu Malraux comme un médium. Il lui fallait parler, non écrire, pour transmettre. Alors, il exprimait la fulgurance qu'on prête aux astres morts, et qui continuent d'éclairer notre nuit.

(L'Abeille et l'Architecte)

*

Avant le second tour, il a organisé un meeting monstre au Palais des Sports à Paris, le 14 décembre 1965, où il a successivement convoqué Vercingétorix, Clovis, Jeanne d'Arc, Louis XIV, les soldats de l'an II – qui sais-je ? – pour expliquer aux Français qu'ils ne devaient pas voter Mitterrand. Cette mobilisation générale de notre histoire était plutôt flatteuse pour moi...

(Mémoires interrompus)

*

C'était un conteur fantastique. Quand il évoquait l'arrivée des chevaux mongols à Samarkand, j'entendais le sol vibrer.

(Mémoires interrompus)

*

À vingt ans, la littérature d'action, dont Malraux fut le prototype, me séduisait; quinze ans plus tard, je me suis rendu compte que c'était du carton-pâte: un faux témoin avait raconté de fausses actions.

(Mémoire à deux voix)

Georges Pompidou

Dans les cercles de l'enfer où le régime expédie ses damnés, moins confortable encore que le mien me semble être l'état d'ancien Premier ministre. M. Pompidou a échappé comme on sait au triste sort auquel le destinait son long séjour à Matignon. Il n'est pas donné à tout le monde de gagner le paradis en baisant la mule du Pape.

(La Paille et le Grain)

*

Pompidou est d'une autre espèce que son prédécesseur. Pourtant M. Pompidou ne traite pas mieux M. Chaban-Delmas que le général de Gaulle ne traitait M. Pompidou. Il s'agit donc, au-delà des personnes, d'une loi spécifique au système qui nous régit. Deux présidents, dans notre marigot constitutionnel, c'est un de trop. La nature est là, qui t'invite et qui t'aime : le plus gros mange le plus petit.

(La Paille et le Grain)

*

Ceux qui l'ont aimé se souviennent qu'il savait rire, sentir, donner, imaginer. Mais on ne rachète pas par des vertus privées le passif d'une vie publique.

(La Paille et le Grain)

*

Dans la bouche du président de la République le mot propriété prend un coup de vieux d'un bon siècle. Devant mon poste de télévision je vois le chef de l'État détacher ces quatre syllabes comme un banquier ses coupons.

(La Paille et le Grain)

*

Georges Pompidou, ce thuriféraire qui balançait l'encens comme on jette une bûche.

(La Paille et le Grain)

*

Quand il décidait de charmer un adversaire dont il jugeait le ralliement utile, il jouait de toutes les séductions. Façon de mépriser, la pire. Si je n'ai pas eu à la subir et pour cause, j'ai vu comment il traitait ceux dont il n'attendait plus que le dernier abaissement. Ils se retrouvaient ministres.

(La Paille et le Grain)

*

Comme tous les Français je savais le chef de l'État condamné à une fin prochaine et, comme eux, elle m'a surpris. Sans doute répugnais-je à surveiller les feuilles de température, à interpréter les diagnostics qui couraient tout Paris, à scruter les bouffissures qu'exhibait la télévision, à guetter dans la fente des paupières l'éclat nocturne du regard. Peut-être aussi refusais-je inconsciemment l'événement dont je savais qu'il atteindrait ma propre vie.

(La Paille et le Grain)

*

Je ne puis me défaire d'une certaine pitié pour ce mort oublié avant d'être enseveli. Que laissera-t-il à la mémoire de son temps ? Rien ou si peu. La cruauté du destin qui le frappe est là et non dans sa vie courte : tant de pouvoirs, pas de pouvoir et l'Histoire qui se dérobe.

(La Paille et le Grain)

Valéry Giscard d'Estaing

Il y a des tas d'autres choses qui me plairaient davantage que de discuter avec Giscard. C'est sûrement quelqu'un de valeur, mais il me paraît moins intéressant que trois chênes dans un champ ou un bon roman.

(Mitterrand par Mitterrand)

*

Je le verrais assez bien baron du chômage, marquis des inégalités, comte de la hausse des prix, duc de la technocratie, prince de l'électoralisme et roi de l'anesthésie.

(Conférence de presse, 24 juin 1980)

*

Il aurait pu être conservateur réactionnaire. Il est dans certains domaines conservateur libéral. C'est une différence de degré, non de nature.

(L'Abeille et l'Architecte)

*

C'est un maître en anesthésie. Moi, je le verrais très bien dans un laboratoire ou dans un bloc opératoire ; lorsque le malade s'apprête à s'allonger sur la table d'opération, cela va très mal, mais il faut qu'il garde encore un peu d'espoir, il faut convier M. Giscard d'Estaing.

(*Club de la presse*, 20 avril 1980)

*

Politique de Giscard :
Vaguement nationaliste, mollement européenne, discrètement atlantique, cœur sur la main et main dans la poche, tiers-mondialiste, cela s'appelle, paraît-il, une politique étrangère. Qu'écrire de la politique économique et de la politique sociale ? Économisons nos adverbes.

(L'Abeille et l'Architecte)

*

M. Giscard d'Estaing a prononcé l'autre jour à Mourmelon un discours fort bien senti sur l'indépendance nationale. Paroles, paroles, écrivait Jacques Prévert.

(L'Abeille et l'Architecte)

*

Il faut une belle intelligence et un verbe aiguisé pour convaincre les autres à ce point que gouverner consiste à n'être responsable de rien.

(Ici et maintenant)

*

– *Comment qualifieriez-vous les six années de présence de Valéry Giscard d'Estaing à l'Élysée ?*
– Le gouvernement des médias, ou, plus exactement, par les médias. Les mots qui tiennent lieu des choses. Et six ans de surplace. Danse du ventre devant le Veau d'Or.

(*La Croix*, 27 mars 1980)

*

Il adore prédire et déteste prévoir.

(L'Abeille et l'Architecte)

*

Je ne prête pas à Valéry Giscard d'Estaing de noirs desseins. Il se trouve bien comme il est, il trouve la France bien comme elle est. Tant mieux pour lui. Tant pis pour elle.

(Ici et maintenant)

*

– À Verdun-sur-le-Doubs, M. Giscard d'Estaing avait dit ceci : « Vous pouvez choisir l'application du programme commun, c'est votre droit, mais si vous le choisissez, il sera appliqué ; ne croyez pas que le président de la République ait dans la Constitution les moyens de s'y opposer. »

– Vous savez qu'à Verdun-sur-le-Doubs, il y a une spécialité culinaire formidable, qui s'appelle « la pouchouse » qui est une sorte de bouillabaisse avec des poissons de rivière. Je vous la recommande.

(Europe 1, 9 décembre 1985)

*

Je reconnais qu'il explique admirablement comment les choses se passent sans lui. Les prix ont monté en mai ? Parbleu, c'est le bœuf. En juin, c'est le melon. En juillet, c'est le gaz, l'électricité, les chemins de fer et les loyers. Comment voulez-vous que les prix ne montent pas ? Lumineux. On s'émerveille d'accéder aussi aisément aux mystères de l'économie, de pénétrer à la suite de ce guide savant dans les arcanes de la haute finance. Hé oui, c'est le bœuf ! Odieux melon ! Traître loyer ! Vive Giscard !

(Ici et maintenant)

*

Nul doute que Valéry Giscard d'Estaing possède au plus haut degré l'art d'expliquer les échecs dont il fit la réussite. Un reproche cependant : les mots qu'il emploie sont pour les deux tiers ignorés de ceux qui l'écoutent. Cela n'ôte rien à son emprise : la mélodie fait passer le reste.

(Mitterrand par Mitterrand)

*

[Il possède] la connaissance précise de ses moyens et la maîtrise de son langage. Il sait qu'il a le souffle court, mais sa phrase en épouse exactement le rythme. Un sujet, un verbe, un complément direct. Un point, pas de virgule, ni de point et virgule : on entrerait dans l'inconnu. Pas de lien nécessaire non plus entre deux phrases. Chacune se suffit à elle-même, aussi lisse et pleine qu'un œuf. Un œuf, deux œufs, trois œufs, une ponte en série, régulière comme un métronome. La belle mécanique ! J'ai connu un mélomane qui prêtait à son métronome plus de génie qu'à Beethoven.

(Ici et maintenant)

*

Dès qu'il hasarde une image, Giscard d'Estaing découvre ses limites. Mais sa phrase, à peine modulée, est construite en plain-chant. Même si elle me fait penser à ces cartons perforés qui passent et repassent à l'orgue de Barbarie, beaucoup l'entendent comme une grande musique. Un Mozart de la manivelle.

(*L'Unité*, 15 juin 1973)

*

La technique a pris chez lui tant de place qu'il ne sait pas lui-même où loger l'imprévu !

(Ici et maintenant)

*

Valéry Giscard d'Estaing a pour rôle historique de défendre les intérêts et de perpétuer la domination des couches sociales qui l'ont placé là où il est. Il n'y peut rien et moi non plus.

(L'Abeille et l'Architecte)

*

En 1974 :
D'une lettre de Voltaire à sa nièce, Mme Denis, je relève ce passage : « Je ressemble assez à celui qui rêvait qu'il tombait d'un clocher et qui, se trouvant fort mollement dans l'air, disait : "pourvu que cela dure." » Je ne sais pourquoi l'image de ce dormeur haut perché me fait penser à Valéry Giscard d'Estaing.

(La Paille et le Grain)

*

Tout préparait Giscard à s'installer sur nos petits écrans. Avec lui, on entend la télévision respirer. Le triomphe des poumons d'acier !

(Ici et maintenant)

*

À la suite d'une intervention télévisée de VGE :
Qu'ai-je appris sur le fond ? Moins, au bout d'une heure, que ne m'en avait enseigné Gilbert Bécaud le temps d'une chanson : « Ah ! Si j'avais des sous, je ferais des affaires, mais pour faire des affaires... il faut avoir des sous. »

(La Paille et le Grain)

*

Le lendemain d'une allocution télévisée de Giscard :
La France [s'est] arrêtée de vivre pour s'adorer elle-même en regardant dans son miroir l'image un peu jaunie d'un vieux jeune homme, cousin germain, on en jurerait, des petites filles modèles de Madame de Ségur.

(L'Abeille et l'Architecte)

*

J'ai déjà dit que M. Giscard d'Estaing se promenait un chiffon à la main pour nettoyer les rouages encrassés de la vieille société dont il est le gardien. Il a raison de nettoyer. Mais on ne décape pas avec un chiffon.

(Entretien *Les Informations*, 31 mars 1975)

*

À la suite d'une interprétation douteuse de la Constitution par Valéry Giscard d'Estaing :
Le président de la République invoque « l'esprit de la Constitution ». Débat difficile : la lettre, on peut encore la cerner. L'esprit est moins saisissable. Je voyais M. Giscard d'Estaing dans la situation d'une voyante extralucide faisant tourner sa table et interrogeant : « Esprit, où es-tu ? »

(Assemblée nationale, 14 mars 1979)

*

La croissance douce type Giscard, c'est fait pour les gens riches, et pour les classes riches, et pour les pays riches qui ont accès au superflu après le nécessaire. Que voulez-vous, Giscard, il n'y peut rien, mais c'est un gosse de riche. C'est sa chance et sa malchance.

(*France-Soir*, 21 février 1980)

*

M. Valéry Giscard d'Estaing devrait se rendre compte que cela fait trois ans qu'il n'est plus candidat, mais président. La France attend de lui autre chose que des promesses sans cesse renouvelées.

(Conférence de presse, 12 juillet 1977)

*

Giscard est trop intelligent pour vouloir conserver à la façon de X ... ou de Y ... Évitons de citer des noms. Les gens de droite songent au suicide quand on leur dit qu'ils sont de droite. Surtout pas d'hécatombe !

(L'Abeille et l'Architecte)

*

Le spectacle le plus comique de la semaine, non, ce n'est pas Coluche, non ce n'est pas Bedos, c'est Valéry Giscard d'Estaing décernant des brevets de socialisme et triant les bons des mauvais. Bien entendu, à l'image de Dieu le Père, il a placé les bons à sa droite. En attendant le jugement dernier, c'est-à-dire les élections prochaines.

(L'Abeille et l'Architecte)

*

Les élections législatives de 1978 :
Le président de la République, rentré en campagne électorale, devient un citoyen comme un autre, et il n'a pas plus à décider du « bon choix » pour la France que le plus modeste citoyen de la plus petite commune française ! [...] Dans la confrontation électorale, M. Giscard d'Estaing... eh bien ! il est l'agriculteur, ou l'un des maçons ! C'est déjà beaucoup ! Je reconnais sa difficulté, car être le maçon qui donne des conseils à l'agriculteur, alors que c'est lui qui a mis la maison par terre, cela le recommande assez peu pour bénéficier du prochain marché.

(Conférence de presse, 4 janvier 1978)

*

Giscard a compris que pour conserver le principal, il convenait le plus souvent de changer l'accessoire.

(L'Abeille et l'Architecte)

*

La France que veut Giscard m'importe peu. Je ne veux pas de celle qu'il fait.

(L'Abeille et l'Architecte)

*

À la suite d'une rencontre controversée entre VGE et Brejnev à Varsovie en pleine affaire de l'Afghanistan (1980) :

– *Qu'auriez-vous dit, vous, à Brejnev ?*

– Je n'y serais pas allé.

– *Il faut bien que quelqu'un commence à discuter.*

– Il faut bien que quelqu'un commence à résister.

(Ici et maintenant)

*

À la veille des élections présidentielles de 1981 :

Giscard a présenté sa candidature, on attendait plutôt qu'il nous présente des excuses !

(Beauvais, 7 mars 1981)

*

Sur les interventions répétées de Giscard auprès du gouvernement :

On ne peut pas dire que son gouvernement échappe à l'autorité du président de la République et, si vous me demandiez de vous énumérer la liste de la moitié des ministres français, moi qui suis quand même assez spécialiste de ces choses, j'y arriverais infiniment moins bien que si vous me questionniez sur la composition des équipes pour le prochain Tour de France. C'est dire l'abaissement de l'Exécutif au travers de cette comparaison tout à fait subalterne.

(Conférence de presse, 24 juin 1980)

*

Sur VGE avant l'élection de 1981 :
Il est difficile d'être un aussi bon candidat et un aussi mauvais président. Il a une spécialité, c'est d'avoir du cœur, beaucoup de cœur deux mois tous les sept ans.

(*Le Monde,* 13 mars 1981)

*

Sur Giscard d'Estaing :
Nous sommes le 27 mars 1981, il a été élu en mai 1974. Il rédige, à l'heure où je vous parle, un ouvrage où il explique comment vaincre le chômage ! Il aurait pu y penser plus tôt.

(*Le Monde,* 26 mars 1981)

*

Valéry Giscard d'Estaing aurait avantage à méditer cette réplique de Talleyrand, au temps de Louis-Philippe : « Comment croyez-vous donc que ce gouvernement finisse ? » lui demandait l'un de ses proches. « Par hasard », répondit-il.

(L'Abeille et l'Architecte)

*

Campagne de 1981, à VGE :
Il y a une question toute simple qui vient à l'esprit : ou bien ce que vous nous proposez est juste et pourquoi ne l'avez-vous pas fait plus tôt, ou bien vous nous le proposez et cela n'a pas d'intérêt particulier, pourquoi vous présentez-vous ?

(*Club de la presse*, 5 avril 1981)

*

Sur la passation de pouvoir entre Valéry Giscard d'Estaing et François Mitterrand en 1981 :
Les fameux secrets d'État de Giscard ? Tout ce que je l'ai entendu me dire c'est « Puis-je garder mon chauffeur ? »

(Rapporté par Sylvie Pierre-Brossolette, 24 février 1984, *Paroles de Présidents*)

*

Valéry Giscard d'Estaing : – Vous êtes l'homme du passé.
François Mitterrand : – Et vous l'homme du passif.

(Débat avant le second tour des élections présidentielles, 5 mai 1981)

*

À l'approche des cantonales de 1982 :
Si Giscard est battu à Chamalières, je retournerai volontiers au Panthéon.

(*Le Canard enchaîné*, 10 mars 1982)

*

Pour assurer l'indépendance de justice et l'équilibre des pouvoirs, la gauche a lancé deux initiatives originales que les Indépendants de Valéry Giscard d'Estaing viennent de reprendre au bond. Chaque fois que l'une de nos idées entre dans le domaine commun de la politique française, je m'en réjouis. Nous n'exigeons pas de droits d'auteur.

(La Rose au poing)

*

Sur l'éloquence des giscardiens :
Les orateurs de cette école ont toujours l'air de pondre un œuf à la tribune. Cette basse-cour me fatigue.

(La Paille et le Grain)

*

À la suite de la conférence de Rambouillet, 1975 :
Le seul succès dont puissent se targuer les négociateurs français tient au vocabulaire. Il n'y aura plus, dit-on, de fluctuation « erratique » des changes. Miraculeux « erratique » ! C'est le mot qu'il fallait trouver. Que si les fluctuations se contentent de fluctuer tout ira pour le mieux dans le meilleur des mondes ; mais que si elles se mêlent de fluctuer jusqu'à devenir « erratiques » on verra ce qu'on verra ! Avant « erratique », la nuit régnait. Avec « erratique », la lumière fut.

(L'Abeille et l'Architecte)

*

Sur les dissensions de la majorité à la veille du vote de confiance du budget 1979 :
Vous avez assurément en mémoire les premiers vers du *Bateau ivre* :

« Comme je descendais des Fleuves impassibles,
Je ne me sentis plus guidé par les haleurs :
Des Peaux-Rouges criards les avaient pris pour cibles.
Les ayant cloués nus aux poteaux de couleurs. »

L'allégorie, j'en conviens, n'était pas destinée au débat politique. Mais enfin, ces haleurs qui ne guident plus rien, fussent-ils rhabillés, ces Peaux-Rouges criards, un peu égosillés, qui rentrent à la réserve, cela me rappelle quand même quelque chose qui n'a rien à voir avec la poésie. Mais le bateau est toujours ivre !

(Assemblée nationale, 20 mars 1979)

Jacques Chirac

À Jacques Chirac qui, au cours de la première cohabitation, évoquait devant l'éventualité d'un remaniement ministériel :
Si vous me permettez un conseil, pour réussir un remaniement, l'idéal c'est de changer de Premier ministre.

(*Le Canard enchaîné*, 19 novembre 1986)

*

Je dirai simplement qu'il a beaucoup de qualités et je souhaiterais que ces qualités fussent appliquées exactement au bon endroit et au bon moment.

(Europe 1, 9 décembre 1986)

*

Après l'inauguration du musée d'Orsay devant une foule de jeunes gens qui sifflent le nouveau Premier ministre :

François Mitterrand : – Il me semble que je suis sifflé, monsieur le Premier ministre...

Jacques Chirac : – Non, monsieur le Président, c'est moi que ces jeunes conspuent !

François Mitterrand : – Ah, je me disais bien aussi : pourquoi est-ce qu'ils m'en voudraient ?

(Cité par Jacques Attali, *Verbatim II, 1986-1988*)

*

Au cours de la première cohabitation :

Pendant les Conseils des ministres, les barristes se demandent quel truc Chirac va inventer pour se faire valoir, et Chirac se demande comment mieux les piéger. C'est assez amusant.

(*Le Canard enchaîné*, 3 février 1988)

*

Face à face François Mitterrand-Jacques Chirac entre les deux tours de l'élection de 1988 :

Vous avez parlé des chats et des chiens – moi aussi je les aime beaucoup, d'ailleurs nous avons des chiens de la même espèce et Dieu sait si l'on s'y attache ! – alors, je ne peux pas vous répéter ce que j'avais entendu naguère : vous n'avez pas le monopole du cœur pour les chiens et les chats. Je les aime moi aussi.

*

À Jacques Chirac en 1988 :

En somme, je propose un revenu minimum pour les plus pauvres, et vous proposez un revenu maximum pour les plus riches.

(Débat télévisé)

*

Après le débat de 1988 et l'avalanche de statistiques proférée par Chirac :

– Vous n'avez pas été gêné par tous ces chiffres ?

Mitterrand : – Non, vraiment. Mais j'ai bien cru, à un moment, qu'il voulait me placer une assurance...

(Patrice de Méritens, *Les Mots de François Mitterrand*)

Édouard Balladur

Quand je parle avec Balladur, j'ai l'impression de parler avec le fantôme de Pompidou : la même onction ; la même culture vaguement moderniste pour masquer un conservatisme impitoyable...

(Cité par Jacques Attali, *Verbatim II, 1986-1988*)

*

Cet homme est décidément étrange. Il devient compétent ; il a une certaine culture et un sens de l'humour. Pourquoi en a-t-il si peu à l'égard de lui-même ?

(Cité par Jacques Attali, *Verbatim II, 1986-1988*)

*

Balladur a une telle image que, comme Philippe Noiret, il peut se permettre de jouer dans de mauvais films !

(Rapporté par Sylvie Pierre-Brossolette, 13 octobre 1993, *Paroles de Présidents*)

Raymond Barre

Raymond Barre est un conservateur et je suis socialiste. Il y a peu de chances que nous ayons la même pensée sur « les réformes structurelles ». Disons par une image que je chercherais un autre moteur d'automobile quand il se contenterait de changer les plaquettes de frein.

(L'Abeille et l'Architecte)

*

C'est un personnage assez sympathique de notre littérature que j'évoquai à ce propos, en disant que M. Barre [...] serait une sorte de Tartarin des Indices...

(Convention nationale PS, 5 novembre 1977)

*

Ah, les experts ! Très important les experts ! Ce sont les médecins de Molière, les Diafoirus. Ils parlent un latin de cuisine et les malades se croient guéris. Raymond Barre est un expert.

(Petit déjeuner avec la presse, 18 mars 1986)

*

Sur la candidature de Barre aux élections législatives à Lyon :
Il est riche d'expressions nouvelles ; l'autre jour, je crois l'avoir entendu dire qu'il allait au charbon. Est-ce que vous connaissez Lyon ? ... Vous connaissez la ville de Charbon ? Comment s'appelle le quartier ? La ville de Charbon, elle est en surface, hein ? ... Je crois que M. Barre, en allant au charbon, a surtout trouvé un filon !

(Convention nationale PS, 5 novembre 1977)

*

Le sapeur Camember, pour boucher un trou, en creusait un autre. M. Barre s'est inspiré de cette méthode.

(*L'Unité,* 7 janvier 1977)

*

S'il s'agit de trouver quelqu'un qui puisse parler pour l'ensemble de la majorité, M. Valéry Giscard d'Estaing suffit à la peine. M. Barre est un peu un homme qui se trouve en double, un « bis ». Et je ne vois pas la nécessité, pour le responsable du socialisme, de parler avec « personne ».

(Devant la presse diplomatique, 22 février 1978)

*

Il a l'art d'envoyer un couteau dans le dos, comme ça, l'air de rien, avec un tout petit mouvement de poignet.

(*Le Canard enchaîné*, 14 janvier 1987)

Michel Debré

Ce légiste conspirateur ou ce conspirateur légiste, comme on voudra, symbolisait à merveille la Ve République naissante.

(*Le Coup d'État permanent*)

*

Michel Debré parle souvent légèrement, mais comme il le fait avec conviction cela lui vaut un certain crédit.

(*Ma part de vérité*)

*

Michel Debré s'est tiré d'affaire grâce au don inimitable qu'il possède de composer avec intransigeance.

(*La Paille et le Grain*)

*

– Beaucoup de gens en sont encore à la IVe République mais pas moi !
– *Ah ? C'est une information. Ce n'est pas l'avis de Michel Debré, voyez...*
– Je ne sais pas où il en est, pour dire la vérité.
– *Il est à l'Académie française !*
– Très bien, qu'il étudie le dictionnaire !

(TF1, 14 juillet 1988)

LES HOMMES DE DROITE

Alain Peyrefitte, rendons-lui cet hommage, n'a rien inventé, sauf peut-être un certain raffinement dans l'hypocrisie.

(Ici et maintenant)

*

« Étonne-moi », disait Diaghilev à Cocteau. M. Poniatowski étonne toujours, mais à la différence du poète, sans que personne ne le lui demande.

(L'Abeille et l'Architecte)

*

C'est Michel Poniatowski qui a été chargé d'exposer aux auditeurs de ce poste le financement du programme commun ! Ce grand seigneur taille le manant avec une délectation visible. On devine qu'il n'arrête pas de regretter l'époque où ses ancêtres couraient le cerf dans les blés. Mais il a de la verve ou du style. Cela suffit pour RTL. Pas pour moi.

(La Paille et le Grain)

*

Sur Jacques Chaban-Delmas, obligé de s'expliquer à la télévision sur le contenu de sa feuille d'impôt :
J'ai plaint ce soir Jacques Chaban-Delmas. Sa tristesse n'était pas feinte, malgré le différé. J'imaginais les techniciens criant, après le plus sincère des soupirs : « Recommencez. » Petite épreuve, non la moindre.

(La Paille et le Grain)

*

Petite nouvelle relevée dans les journaux de ce matin : à Grenoble, un certain Georges Laurent ayant promis à sa clientèle abusée l'envoi d'une édition imaginaire des œuvres du général de Gaulle, a empoché 30 000 francs d'arrhes. « Je voulais mener la grande vie », a-t-il déclaré aux policiers qui procédaient à son arrestation. Mon imagination galope, s'effraie : et si, demain, tous ceux qui mènent grande vie électorale et politique par l'exploitation sans vergogne du fonds de commerce gaulliste connaissaient le sort du modeste Laurent ? Il ne resterait guère d'orateurs disponibles à l'UDR pour proposer le oui au référendum du 23 ! Je n'en demande pas tant.

(La Paille et le Grain)

*

Sur le secrétaire d'État aux Forces armées, Jacques Chevalier :
Ses opinions ont longtemps eu pour constante de varier avec le vent.

(Ma part de vérité)

*

La cire molle fond au soleil. Pour Michel Debatisse il a suffi d'une chandelle.

(Ici et maintenant)

*

Maurice Schumann, l'éloquence même, parlait comme d'autres marchent sur la bordure des trottoirs.

(L'Abeille et l'Architecte)

*

Lors de la proposition d'Albin Chalandon de construire des prisons avec des capitaux privés :
M. Chalandon est convaincu que le tissu cellulaire est une étoffe qu'on fabrique dans les maisons d'arrêt...

(Cité par Patrice de Méritens, *Les Mots de François Mitterrand*)

*

Pasqua ? C'est un Fernandel triste !

(Réunion de presse, septembre 1987)

*

Pierre Messmer aime rappeler que la meilleure époque de sa vie fut celle qu'il passa à la Légion. À le voir, à l'entendre, on n'a pas de peine à le croire. Il avance la conscience bombée, comme on le dit du torse. Un Monsieur Muscle, en quelque sorte.

(*L'Unité*, 18 décembre 1973)

*

Il m'arrive de ressembler sur certains points à M. Léotard... à moins que ce ne soit lui qui me ressemble... après tout, pourquoi pas... J'ai l'impression qu'il existe assez de différences entre nous pour qu'on remarque nos ressemblances.

(TF1, 14 juillet 1988)

*

À Jacques Chirac :
Si vous aviez donné la Défense à Léotard, j'aurais refusé, voyez-vous : cet homme aurait été capable de déclarer une guerre sans que ni vous ni moi ne nous en apercevions.

(Cité par Franz-Olivier Giesbert, *François Mitterrand, une vie*)

*

Lors de la nomination d'André Giraud au poste de ministre de la Défense :
C'est là qu'on va voir si un major de l'X peut être intelligent.

(Jeudi 20 mars 1986, Jacques Attali, *Verbatim II, 1986-1988*)

*

M. de Villiers parle haut et fort [contre la cohabitation]. Il fait un transfert, comme on dit aujourd'hui. En fait, c'est à M. Léotard et à M. Chirac qu'il a envie de s'en prendre. Comme il ne peut pas le faire, il s'en prend à moi. Si ça peut l'aider, je suis ravi de contribuer à sa thérapie.

(*Le Canard enchaîné*, 15 juillet 1987)

*

À la suite d'une déclaration de René Monory jugeant qu'une nouvelle candidature de François Mitterrand à la présidence de la République serait peu opportune puisqu'il aurait 79 ans en 1995 :
Ce bon M. Monory n'a vraiment pas le sens de la communication. Il aurait dû dire : François Mitterrand aura 100 ans en 2016...

(Cité par Jacques Attali, *Verbatim II, 1986-1988*)

*

Certains me prêtent un amour des centristes. J'avoue que lorsque je vois Méhaignerie en Conseil des ministres, mes instincts ne sont pas en éveil.

(Cité par Laure Adler dans *L'Année des adieux*)

*

J'ai lu dans la presse que M. Séguin avait dit que, s'il écrivait ses *Mémoires*, il m'y taillerait un costard. Curieuse expression ! Moi, voyez-vous, si j'écris un jour mes *Mémoires*, je crois que son nom ne viendra même pas sous ma plume.

(*Le Canard enchaîné*, 30 septembre 1987)

*

Novembre 1992, à René Monory, président du Sénat :
Soignez bien votre santé ! Vous êtes l'intérimaire !

(Rapporté par Sylvie Pierre-Brossolette, *Paroles de Présidents*)

M. Herriot eut un mérite rare : il fut l'auteur de cette fameuse définition : le Français moyen. Comment les Français ne lui en auraient-ils pas été reconnaissants ? Français moyen, France moyenne. Cela ne fatigue ni l'esprit ni les muscles.

(*Libres*, 18 juillet 1945)

*

Sur Gaston Defferre :

Ce protestant de souche dure, là où poussent les oliviers et où naissent les camisards, on ne les transplante pas comme on veut. Il porte avec lui son terreau ou bien il se sépare.

(L'Abeille et l'Architecte)

*

Le 20 avril 1982, Gaston Defferre, à la suite d'une querelle avec Badinter, va à l'Élysée offrir sa démission de son poste de ministre de l'Intérieur. Mitterrand refuse :

Démissionner... allons donc, mon cher Gaston, ce n'est plus de notre âge.

(*Le Canard enchaîné*, 28 avril 1982)

*

Sur Georges Marchais :
L'outrance est sa façon de dire bonjour.

(Ici et maintenant)

*

Mauroy est un faible. Il n'a pas les moyens de ses ambitions et il le sait bien. Il ne franchira jamais le Rubicon. Ce n'est qu'un second couteau, et encore. Il suffit de savoir bien le manier.

(Cité par Franz-Olivier Giesbert, *François Mitterrand, une vie*)

*

Cheysson m'a fait frôler la mort deux fois. La première, c'était juste après l'annonce de l'assassinat de Sadate. J'étais au volant de ma voiture, quand j'ai entendu à la radio le commentaire de Cheysson. J'ai été si surpris que j'ai failli me jeter contre un platane. La seconde, c'était après l'attentat contre nos soldats au Liban. J'étais dans ma salle de bains. Quand j'ai entendu le commentaire de Cheysson, à Athènes, sur la force multinationale, j'ai failli laisser tomber mon rasoir électrique dans le lavabo.

(*Le Canard enchaîné*, 30 novembre 1983)

*

Chevènement a trouvé le moyen de se retrouver au premier rang de ma conférence de presse alors que personne ne lui avait demandé de venir. Il a fait de même avec Fabius lors de son *Heure de vérité*. Si ça continue comme ça, il va falloir que je téléphone à Chirac pour lui dire de se méfier : Chevènement serait bien capable de se glisser dans son gouvernement !

(*Le Canard enchaîné*, 22 janvier 1986)

*

Avant les présidentielles de 1995 :
Delors ? Il aimerait bien être président sans être candidat.

(Cité par Laure Adler dans *L'Année des adieux*)

*

Sur la non-candidature de Delors :
Delors s'est comporté dans cette affaire avec tous les défauts qui caractérisent la deuxième gauche. De plus, il a dévoilé un pan de son caractère : une mesquinerie teintée d'un côté donneur de leçons.

(Cité par Laure Adler dans *L'Année des adieux*)

*

Après l'abandon de Jacques Delors de la course présidentielle :
Dommage, il aurait fait un excellent président... nommé !

(Patrice de Méritens, *Les Mots de François Mitterrand*)

*

À la suite d'un froid entre François Mitterrand et Lionel Jospin après 1991 :
Il m'en veut de ne pas me devoir plus, parce que je ne l'ai pas nommé Premier ministre.

(Cité par Michel Charasse, *55, rue du Faubourg Saint-Honoré*)

*

À Henri Emmanuelli :
Vous n'avez pas de chance, aujourd'hui : il y a du foie gras et vous ne l'aimez pas ! Et je vais vous parler de Fabius et vous ne l'aimez pas !

(Cité par Jacques Attali, *Verbatim III, 1988-1991*)

*

Aux élections cantonales dans la Nièvre :
L'adversaire communiste : – Je passerai comme une lettre à la poste !
François Mitterrand : – La poste est fermée le dimanche !

(Patrice de Méritens, *Les Mots de François Mitterrand*)

MICHEL ROCARD

Il a du talent, mais a-t-il des qualités ?

(1978, *Mitterrand par Mitterrand*)

*

Ce que je pense de Rocard tient en un mot : je n'y crois pas. Et on ne peut pas me forcer à y croire !

(Cité par Michel Charasse, *55, rue du Faubourg Saint-Honoré*)

*

– *Michel Rocard, devenu président du parti socialiste, même provisoirement, est-il à vos yeux le candidat naturel, virtuel du* PS *aux élections présidentielles prochaines ?*
– Il me semblait que lui-même avait estimé ne plus devoir porter ce fardeau des adjectifs successifs...

(TF1, France 2, Europe 1, 14 juillet 1993)

*

Rocard président ? Les Français ne porteront jamais à leur tête un homme qui pèse quarante kilos !

(Conversation avec des journalistes, Paris, mai 1987)

*

À propos des bruits qui circulent sur les mauvais rapports entre François Mitterrand et son Premier ministre, Michel Rocard :
Quand on persécute un homme trois ans de suite, c'est qu'il a le goût de la persécution !

(16 avril 1991, rapporté par Sylvie Pierre-Brossolette, *Paroles de Présidents*)

*

Il me sous-estime, c'est son plus grave défaut.

(*Le Canard enchaîné*, 11 octobre 1978)

*

Rocard ? Je le recevrais ici avec plaisir. On dit que je lui en veux. Comment en vouloir à quelqu'un que j'ai battu deux fois sans difficultés ?

(Cité par Laure Adler dans *L'Année des adieux*)

*

Rocard est comme du chatterton qui se colle au veston quand on l'a décollé du doigt.

(Cité par Jacques Attali, *Verbatim III, 1988-1991*)

*

À la suite des multiples articles de presse qui commentent les critiques de Michel Rocard en 1978 sur « l'archaïsme » du parti :
Le moindre de nos éternuements fait un bruit de tonnerre. Je n'en conclurai pas pour autant qu'il nous soit désormais interdit d'éternuer !

(Politique II)

*

À la suite des critiques de Michel Rocard sur l'archaïsme de la gestion du parti socialiste :
Tout vaudra mieux que ces obscurs combats que de vaillants soldats se livrent sous la casaque de champions qui restent au pesage.

(*L'Unité*, décembre 1978)

*

Mitterrand après une algarade entre Jospin et Rocard :
Jospin est un ami. Il est ministre de l'Éducation par ma décision. Michel Rocard est Premier ministre par ma décision. Ils sont condamnés à s'entendre par ma décision.

(*Le Canard enchaîné*, 11 janvier 1989)

*

Premier gouvernement de Michel Rocard, F. Mitterrand commente pour des journalistes l'atmosphère des Conseils des ministres :
Le Premier ministre connaît bien les dossiers, trop bien peut-être car, c'est vrai, il parle de tout. Pas une communication sur laquelle il n'ait un avis. C'est souvent universitaire, un peu long... C'est un discours de la méthode permanent.

(*Le Canard enchaîné*, 13 juillet 1988)

*

Aux rocardiens en 1979 accusant sa mainmise sur le parti :
Si vraiment il y a eu tant d'abus d'autorité, quelle servilité de votre part de l'avoir accepté !

(Cité par Franz-Olivier Giesbert dans *Le Président*)

*

À l'approche de la présidentielle de 88 :
Michel Rocard est déjà en campagne, me dites-vous ? C'est bien. Ainsi, il en aura fait au moins une.

(*Le Canard enchaîné*, 9 septembre 1987)

*

C'est un phraseur prétentieux. Je ne nie pas qu'il ait quelque avenir, c'est l'évidence. Seulement, il est plus technocrate que socialiste. Il a d'ailleurs une façon de parler faux quand il veut faire populaire...

(Cité par Franz-Olivier Giesbert, entretien 20 mars 1978,
François Mitterrand, une vie)

*

Il est si impatient. Je lui ai dit cent fois : « Ne vous pressez pas, mon ami. Les choses viendront en leur temps. » Mais il ne peut pas attendre. Il faut toujours qu'il gigote dans tous les sens. Quelle fièvre ! Quel jeu de jambes ! Bon Dieu, qu'il s'arrête un peu, il me donne le tournis !

(Cité par Franz-Olivier Giesbert, entretien 20 mars 1978,
François Mitterrand, une vie)

Margaret Thatcher :
Elle a les lèvres de Marilyn et les yeux de Caligula...

(Cité par Patrice de Méritens, *Les Mots de François Mitterrand*)

*

Franco :
Ce vieil homme qui va mourir et qui n'a plus le temps que de tuer encore un peu, de tuer et de prier pour le salut de son âme dévote, agenouillé soir et matin et tête nue devant son Dieu, dont il n'a jamais vu qu'il saignait, par les mains, par les pieds, et à l'endroit du cœur, de toutes les blessures qu'infligent à tous les suppliciés tous les bourreaux du monde.

(L'Abeille et l'Architecte)

*

J'avoue que dans l'iniquité j'ai moi aussi mes préférences. Peut-être est-ce cela que je ne pardonne pas à Franco : la nécessité de la haine.

(L'Abeille et l'Architecte)

*

À l'occasion d'une rencontre en Chine avec Mao :
Le « président Mao », je l'avais rencontré partout depuis bientôt trois semaines. En marbre, en bois, en bronze, en cuivre, en ivoire, en soie, en coton, en papier, statue, photo, affiche, timbre-poste, manche de parapluie, cendrier, mineur, mécanicien, horticulteur, tourneur, penseur, nageur. Moins physionomiste cependant que Bernadette Soubirous, je ne le reconnus pas tout de suite.

(*La Paille et le Grain*)

*

Le président Mao : Ah ! Ces cinq syllabes métalliques !

(*La Paille et le Grain*)

*

À propos de Sankara, le président du Burkina-Faso :
Je l'aime bien. Il est arrivé au dernier sommet avec deux revolvers : il les a déposés gentiment sur la table. C'est un genre particulier, je trouve cela drôle. Les services de sécurité beaucoup moins.

(*Le Canard enchaîné*, 19 novembre 1986)

*

Sur Ceaucescu :
Littéralement, il mâche ses mots. Avant que ne sorte un son, ses lèvres remuent et sculptent la forme de la phrase à venir. Son visage est sévère, creusé au burin, et il porte la tête enfoncée dans les épaules. On le sent ramassé sur lui-même, attentif, vigilant à ne rien laisser au hasard, cet ennemi mortel des carrières politiques, par ici. Parfois il rit. Un autre homme, heureux de vivre, apparaît alors derrière la fenêtre entrouverte.

(La Paille et le Grain)

RONALD REAGAN

Reagan ? Il travaille sur son image comme un scientifique.

(*Le Canard enchaîné,* 16 juillet 1986)

*

L'ancien gouverneur de la Californie, qui tire sa réputation des qualités qu'il montra dans l'exercice de son métier de présentateur à la télévision. (Ah, si Léon Zitrone avait de l'ambition !)

(L'Abeille et l'Architecte)

*

Son étroitesse d'esprit est évidente. Cet homme-là n'a que quelques disques qui tournent et retournent dans sa tête.

(Pierre Favier et Michel Martin-Rolland, *La Décennie Mitterrand I*)

*

Un homme du Far West, ça vaut peut-être mieux qu'un énarque.

(Pierre Favier et Michel Martin-Rolland, *La Décennie Mitterrand I*)

INTELLECTUELS, ARTISTES ET ÉCRIVAINS

Sur les intellectuels engagés d'avant-guerre :
Du côté gauche, parmi d'autres, nous trouvons Romain Rolland, tout étonné de se voir soudainement apprécié, spécialement, et pour cause, de ceux qui n'ont jamais feuilleté ses écrits.

(Revue *Montalembert*, avril 1936)

*

Sur Jules Renard :
Le 22 février 1910, il nota : « Aujourd'hui, quarante-six ans. Jusqu'où irai-je ? jusqu'à l'automne ? » (c'était la première fois qu'il s'avouait ambitieux) et mourut au printemps.

(La Paille et le Grain)

*

François Mauriac, ce romancier régionaliste [...] pour qui tout jeune homme d'Angoulême est forcément Rastignac.

(Ma part de vérité)

*

Paul Valéry a revêtu de splendeur son inutilité.

(« Les Géants fragiles », revue *Montalembert*, janvier 1937)

*

Sur Jean d'Ormesson :
Il fait de la politique comme d'autres l'amour : plus de désir que de plaisir.

(L'Abeille et l'Architecte)

*

Sur Jean d'Ormesson :
Dommage qu'entré en politique, il coule son talent dans le ciment des postulats. Du coup plus de surprise : il écrit maintenant ce qu'on attend de Michel Droit.

(L'Abeille et l'Architecte)

*

Sur Jean-Jacques Servan-Schreiber :
Il y a du Bourgeois gentilhomme dans ce réformateur. Ce qui ne lui ôte pas ses mérites : il n'a pas son pareil pour enfoncer les portes ouvertes.

(La Paille et le Grain)

*

Sur Bernard-Henri Lévy :
Un danger le guette : la mode. Mais la souffrance, amie des forts, le sauvera. Tout l'y prépare.

(L'Abeille et l'Architecte)

*

À propos des écrivains :
[Ce sont] des instruments de mesure inhabituels [...] leur sensibilité, l'aigu de leurs perceptions sont pour moi comme des raccourcis dans la forêt des faits.

(*L'Événement du Jeudi*, du 5 au 11 mai 1988)

*

Qui dira le nombre de journalistes tués le premier jour sur le champ de bataille de la littérature ?

(L'Abeille et l'Architecte)

*

Les mémorialistes :

On ne les choisit pas. S'ils vous accablent et qu'ils ont du talent, il faut deux siècles pour s'en remettre ! Quand on a oublié qui vous étiez, apparaissent alors les ouvrages de réhabilitation, mais c'est un peu tard. Ce sont vos arrière-arrière-descendants qui peuvent éprouver une légère satisfaction.

(Entretien avec Bernard Pivot)

*

Si j'ai un dieu littéraire, c'est Tolstoï.

(Entretien avec Bernard Pivot, *Paris Match,* 24 avril 1988)

*

Sur l'accusation de préférer Chardonne à Jaurès :

Je maintiens ce jugement : pour l'écriture [Chardonne] est un des maîtres de ce siècle, appliqué à un domaine qui est celui du couple. Chacun son genre. Il est vrai que je n'ai pas cherché dans Jaurès des notations fines sur le couple, mais je n'ai pas non plus cherché dans Chardonne une réponse aux questions que je me pose sur l'évolution de la société !

(Entretien avec Bernard Pivot)

*

J'aime le *Voyage au bout de la nuit*, *La Colline inspirée* ou *Les religions et les philosophies dans l'Asie centrale* dont les auteurs ne sont pas spécialement de gauche ! Je vais passer devant le tribunal de la gauche !

(Entretien avec Bernard Pivot)

*

J'ai [...] un faible pour Corto Maltese. Non que je ressemble au héros d'Hugo Pratt mais je ne m'ennuierais certainement pas dans la peau de cet aventurier laconique, solitaire, esprit libre au confluent de plusieurs cultures.

(Au journal *À suivre*, 26 janvier 1989)

*

J'aurais aimé être un Voltaire qui aurait écrit *Le Contrat social.*

(*Le Figaro*, 13 mars 1995)

*

– *Si vous étiez obligé de partir à la guerre, quel livre emporteriez-vous dans votre musette ?*
– *Pensées* de Pascal, *Abbaye de Thélème* de Rabelais.

(Revue *Montalembert* au printemps 36)

*

Sur l'affaire Rushdie :
C'est d'une bêtise crasse que de condamner à mort l'auteur d'un mauvais livre.

(Cité par Jacques Attali, *Verbatim III, 1988-1991*)

*

Sur Yves Montand :
C'est une personnalité intéressante, un homme qui mérite la sympathie et puis... disons les choses : quel talent ! Si tous les hommes politiques en avaient autant, alors, en France, on ne s'y reconnaîtrait plus !

(*7/7*, TF1, 15 février 1984)

*

J'aime beaucoup Sheila. Je trouve qu'elle a du rythme et j'aime sa voix ; elle exprime très bien la chanson populaire. Il ne faut pas avoir une petite moue de dédain pour ce type d'art, étant entendu que s'il n'y avait que Sheila, je suis sûr qu'elle ne le demande pas, ce serait insuffisant.

(Europe 1, 26 avril 1976)

*

César, chacun connaît ses représentations, la moindre chose qu'il aperçoit, il l'écrase.

(TF1, 28 avril 1985)

LA FRANCE,
LES GRANDS PRINCIPES
DE LA RÉPUBLIQUE

On débat depuis de Gaulle de sa fameuse formule : « J'ai toujours eu une certaine idée de la France. » Cette expression me reste étrangère. De la France je n'ai pas une idée, mais une sensation, celle que donne un être vivant, ses formes, son regard. Elle n'est pas quelque part suspendue entre ciel et terre. Elle est une personne à trois dimensions. Je ne vois pas à quoi la comparer. En tout cas, pas à une idée.

(Mémoires interrompus)

*

Mon pays, ce sont d'abord des paysages, comme mes amours, mes amis sont d'abord les visages.

(Mémoires interrompus)

*

Je n'ai pas besoin d'une idée de la France. La France, je la vis. [...] Je suis né dans la France en demi-teinte, en Saintonge, et j'ai vécu mon enfance au point de rencontre de l'Angoumois, du Périgord et de la Guyenne. Je n'ai pas besoin qu'on me raconte d'histoires sur la France. Ce que j'éprouve d'elle se dispense d'éloquence.

(Politique II)

*

Une colline, une rivière, des arbres le long de cette rivière, une certaine lumière dans le ciel me racontent la France avec la même force qu'un débat entre Clemenceau et Poincaré.

(Mémoire à deux voix)

*

La chute lente du Ventoux sur la plaine de Carpentras, la tête ronde du Beuvray, la Loire laquée de Saint-Benoît, la roche de Solutré, la solitude de l'Aigoual sont pour moi des points de repère plus importants que la date des élections législatives.

(Ma part de vérité)

*

La France unie ne le sera que si elle est en même temps la France en mouvement, celle qui crée, qui invente, qui produit, qui avance, celle qui croit en elle-même.

(Meeting à Rennes, 8 avril 1988)

*

Comme d'autres le cannabis on cultive chez nous le vague à l'âme, petite drogue douce et délétère.

(Ici et maintenant)

*

Nous sommes français, nos ancêtres les Gaulois, un peu romains, un peu germains, un peu juifs, un peu italiens, un petit peu espagnols, de plus en plus portugais, peut-être qui sait polonais et je me demande si déjà nous ne sommes pas un peu arabes ?

(Colloque « La pluralité des cultures », Sorbonne, 18 mai 1987)

*

La France doit se placer en tête : le pétrole gris est sa vraie richesse. Là est notre avenir : l'exploration des gisements encore insoupçonnés de notre intelligence.

(*Le Point*, 2 mai 1981)

*

L'histoire de la France montre que notre pays progresse par grands bonds, par mutations successives et non par une lente évolution. On peut le regretter, mais c'est ainsi. Nous ne sommes pas la Suisse ou le Danemark.

(Politique I)

*

Je ne voudrais pas que les Français obéissent trop à leur péché mignon historique, qui consiste toujours à être un peu trop espagnols, ou un peu trop anglais, comme on l'était au temps des guerres de Religion ! Il faut qu'ils sentent surtout l'unité profonde de la Patrie.

(Antenne 2, 16 janvier 1985)

*

Les Français sont des Gaulois, ils parlent fort. Cela ne veut pas dire pour autant qu'ils se détestent. Naturellement, leurs disputes font du bruit.

(Europe 1, 9 décembre 1985)

*

– *Peut-on parier sur la raison et la tolérance des Français ?*
– Il le faut. Oui, il le faut. La raison et la tolérance sont deux vertus. Le pari, c'est plus risqué... par définition.

(TF1, 28 avril 1985)

*

Les Français n'aiment pas l'agitation. Le réflexe sécuritaire profite toujours à la droite. Je n'oublie pas qu'après un Mai 68 il y a juin 68.

(6 décembre 1986, Jacques Attali, *Verbatim II, 1986-1988*)

*

Méfions-nous des abstractions. Méfions-nous de ce colosse qui brandit un soleil et qu'on nomme Liberté, de cette vierge sage jalouse d'équilibre et qu'on nomme Justice, de cette femme aux bras de pierre et qu'on nomme Fraternité. N'oublions pas que la déesse Raison était une jolie fille qui, sur le trône des évêques, devait penser à son miroir. Un sang trop vif, un sang trop jeune, court dans les veines de notre peuple pour que celui-ci se sente très à l'aise dans une pose pétrifiée d'idole.

(*L'Homme libre*, 6 septembre 1944)

*

Sur la Ve République :
Ce régime était dangereux avant moi. Il le redeviendra après.

(Rapporté par Sylvie Pierre-Brossolette, 27 avril 1990, *Paroles de Présidents*)

*

La démocratie, pourrais-je dire, est un petit drame permanent dans la mesure où il faut toujours choisir. C'est plus commode dans les régimes dictatoriaux... mais le drame est alors d'une autre nature.

(RMC, 28 février 1980)

*

La liberté et la démocratie exigent un effort permanent. Impossible à qui les aime de s'endormir.

(*L'Express,* juillet 1989)

*

« Tous les hommes naissent et demeurent libres et égaux en droit », dit la Déclaration. C'est écrit, donc c'est vrai ! Des générations de bourgeois ont dormi là-dessus d'un sommeil profond, conscience en paix, dans la chambre capitonnée d'un droit public tout confort.

(*Le Monde,* 15 mai 1976)

*

Les principes, c'est quoi ? Des banalités... de merveilleuses banalités lorsqu'ils n'existent plus. Eh oui, la liberté !...

(Convention internationale, 26 avril 1980)

*

Ma vie n'aurait pas de sens si elle ne s'identifiait pas avec la défense des libertés. J'interdis à quiconque de me lancer la liberté au visage.

(Conférence de presse, 12 avril 1974)

*

Il n'est pas de bonnes blessures pour la liberté, elles sont toutes mortelles.

(Assemblée nationale, 9 octobre 1973)

*

Pourquoi a-t-on tant lutté pour la liberté ? Parce qu'elle est comme le pain, existentielle.

(*L'Express*, juillet 1989)

*

Il est utile de remarquer que lorsque nous parlons de liberté, nous n'avons garde d'oublier qu'il ne s'agit point de liberté pour un honnête bourgeois de lire le journal qui lui convient. Ou plutôt qu'il s'agit de celle-là, mais après bien autre chose. La première liberté est celle de manger à sa faim.

(Les Prisonniers de guerre devant la politique)

*

Les libertés syndicales, sociales, les droits de la femme, les droits de l'enfant, les droits des travailleurs. Voilà ce qu'est la liberté. Ce sont des libertés. Mettez-les au pluriel et vous comprendrez mieux ce qu'est la liberté.

(TF1, 15 décembre 1985)

*

L'égalité n'est jamais acquise; c'est toujours un combat.

(Message à SOS Racisme, 13 mars 1989)

LA POLITIQUE DES SOMMETS, L'ART DE GOUVERNER

L'homme d'État se distingue à sa capacité de prendre en compte les terres inconnues, une fois le reste exploré.

(L'Abeille et l'Architecte)

*

Trop de gens lisent mal Machiavel.

(Ici et maintenant)

*

Je ne veux pas qu'on m'accuse de politiser à plaisir ce qui passe à ma portée; mais qu'y puis-je ? Tout est politique.

(Mitterrand par Mitterrand)

*

Gouverner, ce n'est pas plaire.

(France Inter, 22 octobre 1991)

*

Mesdames et Messieurs les responsables politiques, apprenez l'humilité de l'Histoire. Quand vous ne voudrez pas refaire tous les quatre matins ce que d'autres ont fait avant vous, la France marchera mieux.

(Saint-Lô, 22 juin 1987)

*

L'absolu n'existe pas en politique ; ceux qui s'attendent à manger de ce pain-là risquent de mourir de faim.

(Jacques Attali, *Verbatim III, 1988-1991*)

*

On m'a accusé d'ambition personnelle. C'est en effet une grande et noble ambition que de désirer conduire un pays comme la France.

(Ma part de vérité)

*

Il faut regarder l'Histoire en face. Elle n'est pas effrayante quand on se sent capable de la dominer.

(TF1, 25 mars 1990)

*

Quand l'Histoire passe, il faut la saisir par le museau.

(Rapporté par Sylvie Pierre-Brossolette, 15 mars 1978, *Paroles de Présidents*)

*

Tout se ramène à ceci : gagner ou perdre. On ne reste jamais stationnaire. Car ne pas bouger, c'est commencer à perdre.

(Lettre à l'une de ses sœurs, 5 mars 1938, citée par Pierre Péan)

*

Je souhaite qu'on en finisse avec cette idée que pour avoir été candidat à une époque où il y avait moins de compliments que de coups à recevoir j'en ferais profession.

(La Rose au poing)

*

L'État est nécessaire, mais chaque fois qu'on peut s'en passer, moi, je préfère.

(TF1, 28 avril 1985)

*

Sur la toute-puissance de l'État :
On aura peine à imaginer que ce colosse dont l'appétit s'accroît à mesure qu'il dévore est en passe de capituler devant l'individu comiquement, tristement

bardé de droits à la manière de ces acheteurs d'obligations étrangères à l'exotisme mirifique et qui, ne sachant qu'en faire, après la ruine, n'ont plus que la ressource d'en tapisser leurs cabinets d'aisances.

(Le Coup d'État permanent)

*

Pour préserver la liberté, des institutions sont nécessaires, qui arbitrent entre les intérêts et les passions. Les institutions ont, à leur tour, tendance à devenir étouffantes et peuvent devenir moyens d'oppression. La liberté est toujours en équilibre instable.

(Entretien *L'Express*, 14 juillet 1989)

*

Interdisez la liberté, vous êtes accusé de tyrannie. Accordez cette liberté, et vous êtes accusé d'anarchie !

(Antenne 2, 16 janvier 1985)

*

Trop de Parlement menace l'État, pas assez de Parlement menace la démocratie.

(Strasbourg, conférence du Conseil de l'Europe
sur la démocratie parlementaire, 28 septembre 1987)

*

S'il y a tant d'absentéisme, si le Parlement a l'air de s'ennuyer et de tourner sur lui-même, c'est aussi parce qu'il lui manque un pouvoir majeur que j'ai bien connu dans le passé et auquel j'ai pris part, c'est de pouvoir chaque semaine renverser le gouvernement. À partir du moment où on a perdu une arène, un champ clos dans lequel peuvent se livrer les duels avec mise à mort, je reconnais que cela a perdu un peu d'intérêt.

(Vœux aux corps constitués, 5 janvier 1993)

*

Les modérés [...] n'ont de pensée politique que par réaction à la pensée des autres.

(Ma part de vérité)

*

L'amour du droit écrit, qui nous est entré dans le sang avec la transfusion romaine, et notre propension à régler par décret les affaires des hommes, nous poussent à codifier à tour de bras nos passions du moment. Nous compensons notre inconstance par des vues éternelles aussitôt gravées dans le marbre. Nos Révolutions passent d'abord chez le notaire.

(Ici et maintenant)

*

Quinze constitutions en cent-quatre-vingt-dix ans. La plus parfaite fut celle qui ne dura qu'un jour, en 1793.

(Ici et maintenant)

*

L'actuelle Constitution est le fruit des amours illégitimes entre le gaullisme et le coup d'État.

(France Inter, 9 février 1977)

*

Sur la Révolution française :
Cela vaut la peine d'être célébré ! Bien entendu, il y a des gens qui ne seront pas d'accord... Ils n'étaient déjà pas d'accord en 1789...

(Antenne 2, TF1, 14 juillet 1989)

*

Dans les épreuves décisives on ne franchit correctement l'obstacle que de face.

(L'Abeille et l'Architecte)

*

Dans la vie politique, il faut être offensif. Si on se défend, on a déjà perdu.

(Propos rapportés par Gilles Bresson dans *Libération,* 24 mars 1988)

*

L'action politique, à certaines heures, est comme le scalpel du chirurgien, elle ne laisse pas de place à l'incertitude.

(Ma part de vérité)

*

Je crois aux vertus de l'improvisation. À condition que l'on sache que l'improvisation est un long exercice.

(Préface à *Si demain la Gauche,* de Gaston Defferre)

*

Sur l'instabilité gouvernementale de la IVe République :
On intriguait dans les coulisses pour constituer un ministère... des Anciens Présidents du Conseil !

(Ma part de vérité)

*

Ah ! sous la IVe, on savait encore prendre le temps de vivre ! Si on ratait un gouvernement, eh bien, on prenait le suivant !

(Cité par Jacques Attali, *Verbatim II, 1986-1988)*

*

Tout m'invitait à consentir à la liquidation de la IVe République, de ses rois fainéants, de ses maires du palais, cette grisaille pour agonie.

(Ma part de vérité)

*

Le grand homme, vrai ou faux, est chose nécessaire. Une doctrine ne peut s'en passer ou, plus justement, le grand homme fait passer la doctrine. À chaque boutique, son enseigne : plus l'enseigne est lumineuse, plus la boutique est habitée.

(Revue *Montalembert*, avril 1936)

*

À côté des vrais grands hommes existent ceux qui croient l'être, innombrables, perchés à chaque étage de l'échelle des grandeurs. Se sachant destinés à quelque rôle magistral, ils se parent des plumes de majuscules paons : chacun s'attribue ce qu'il n'a pas et vaticine selon l'influence qu'il s'accorde. Le génie est un sceptre qu'ils portent la tête en bas.

(Revue *Montalembert*, avril 1936)

*

La politique est la servante de la science, et l'humble interprète de la philosophie. Elle n'a pas la vertu créatrice de l'art. Séparée de la connaissance de la nature et des travaux quotidiens de l'homme, elle est comme une tige coupée, vite flétrie.

(Ma part de vérité)

*

On gouverne un pays par le souffle, pas seulement par le raisonnement.

(11 septembre 1990, dans *L'Après Mitterrand*, d'Éric Dupin)

*

J'ai naguère qualifié l'article 16 d'article de la dictature. J'avais tort. D'abord il n'est pas le seul. Ensuite, le général de Gaulle n'était pas si formaliste qu'il en eût besoin pour agir.

(La Rose au poing)

*

Sans doute conviendra-t-il de réviser les conditions dans lesquelles on forme en serre chaude, particulièrement à l'ENA, l'armée de métier de l'administration. Mais un juste enseignement apprendra aux jeunes gens de noble ambition qu'il y a mieux à faire qu'à fabriquer en série des préfets de Bas-Empire.

(*Le Monde,* 29 février 1968)

*

La réflexion a valeur d'action dès lors qu'elle avance l'heure des prises de conscience hors desquelles il n'y a qu'aventures sans lendemain.

(Ma part de vérité)

*

Dans les grands corps de l'État on croit bien causer quand on étire les mots simples pour y ajouter le « ion » et le « ique » de la prétention philosophique, scientifique ou technique. Nos inspecteurs des Finances emploient à cet égard un vocabulaire impayable. L'horrible français gourmé, pointu, boursouflé d'afféteries.

(La Paille et le Grain)

*

Sur les hauts commis de l'État :
[...] Ces personnages inimitables qui portent sur leur visage lisse et leur regard absent le secret de la puissance. Je les ai vus, traversant trois régimes pendant un demi-siècle, toujours détenteurs du saint sacrement, toujours habités par la même importance [...] sous-classe étrange et légèrement comique pour qui l'État se ramène à une certaine façon de nouer sa cravate, d'allumer une cigarette, de marcher sur des œufs et de fixer des rendez-vous, destinés à n'être connus de personne, dans des bars où l'on rencontre tout le monde. [...] L'ENA leur a conféré une dignité supplémentaire. Certains ne possédaient aucun des travers que je viens de dénoncer. Sauf l'emploi abusif des adverbes et des répétitions. Mais ils en seront pardonnés. Les crimes commis contre la langue française ne relèvent pas du code pénal.

(Mémoires interrompus)

*

Le rôle du politique dans l'art n'est pas de se donner en spectacle.

(*Connaissance des Arts,* avril 1981)

*

On ne corrige pas une mauvaise loi, on l'abroge.

(Conseil des ministres, 21 avril 1982)

*

Du jour où il y aurait un art socialiste, je ne serais plus socialiste.

(*Le Monde,* 30 juillet 1974)

*

L'économie c'est simple. C'est deux colonnes : une colonne dépenses et une colonne recettes. N'importe quelle ménagère vous le dirait.

(Petit déjeuner avec la presse, 18 mars 1986)

*

À Pierre Bérégovoy plaidant pour des économies budgétaires en raison des incertitudes de la conjoncture :
Il est très recommandé de ne pas freiner sur le verglas.

(Jacques Attali, *Verbatim III, 1988-1991*)

*

Nous sommes sans équivoque contre toute forme de censure. La sottise, la vulgarité ne se combattent pas par des mesures administratives.

(Entretien *Le Monde*, 2 mai 1974)

*

Durant la cohabitation, François Mitterrand ironise à propos d'une loi de programmation pour la justice :
Attention à la multiplication de ces lois : elles privent de liberté le gouvernement !

(Rapporté par Sylvie Pierre-Brossolette, 16 avril 1991, *Paroles de Présidents*)

*

Le sentiment d'injustice ne suffit pas pour combattre l'injustice.

(Mémoire à deux voix)

*

On sait que la justice s'accommode fort bien de l'intérêt : la règle du jeu veut que chacun cite la première et parle du second, et que les interlocuteurs se comprennent toujours.

(Cité dans *Politique I,* mars 1938)

*

L'humeur des juges n'entre pas dans le code pénal.

(*Le Monde,* 19 juin 1990)

*

Je préfère, tout bien pesé, un juge que choque l'injustice à un garde des Sceaux que choque l'irrévérence.

(L'Abeille et l'Architecte)

*

Contre la détention provisoire :
On se souvient de cette jeune femme, mère de famille nombreuse, incarcérée pour un chèque sans provision de 27 francs et dont un fils, petit garçon dévoré de chagrin, s'est pendu. Le garde des Sceaux n'avait pas trouvé surprenante la décision du juge. C'était un sage. Où irait notre société si l'on s'étonnait pour si peu ?

(L'Abeille et l'Architecte)

*

Les grands principes politiques et philosophiques, c'est comme une lumière qui éclaire le terrain dans la nuit. Ensuite entrent en jeu les égoïsmes et la médiocrité. Ça, ce sont des valeurs sûres sur lesquelles on peut toujours compter.

(Conseil de Défense, 31 janvier 1990)

*

Le sectarisme est la chose du monde la mieux partagée. C'est le bacille de Koch des partis.

(Ici et maintenant)

*

Dans un parti, une seule tendance, c'est grave, c'est du monolithisme. Deux tendances, c'est le signe d'un état d'esprit critique. Trois tendances, c'est que la démocratie fonctionne. Quatre tendances, c'est un signe de maladie. Au-delà c'est l'éclatement [...].

(Rapporté par Danièle Molho, dans *Le Point*, 29 juillet 1974)

*

Sur la loi de financement des partis :

– Pourquoi avez-vous attendu neuf ans pour faire cette loi, qui est une bonne loi ?

– Pourquoi la République a-t-elle attendu cent ans avant moi pour ne pas le faire ?

(TF1, Antenne 2, FR3, 14 juillet 1993)

*

André Saury, député communiste, recevant Mitterrand dans sa bonne ville de Pressignac :

– Dans cent ans, on se souviendra encore ici de votre visite.

– On a l'éternité qu'on peut.

(*Le Canard enchaîné*, 9 novembre 1983)

*

Lorsqu'il s'agit de conserver le pouvoir et ses privilèges, l'imagination des gens en place manque rarement de ressources.

(La Rose au poing)

*

Je me sens solidaire de l'Histoire de France en général. Mais je ne puis suffire à tout. Je n'envoie pas de fleurs au président Fallières ! Et j'ai sans doute tort car c'était un bon républicain.

(Entretien avec Bernard Pivot)

*

Au Mexique, le mandat présidentiel n'est pas renouvelable. Six ans, quelle misère !

(L'Abeille et l'Architecte)

*

La perspective de la cohabitation :
Je préférerais renoncer à mes fonctions que de renoncer aux compétences de ma fonction. Il n'est pas question pour moi d'être un Président au rabais.

(TF1, 2 mars 1986)

*

Nous avons fait la décentralisation. C'est aussi une façon de lutter contre nous-mêmes.

(*Actuel*, décembre 1987)

*

Il y a des pouvoirs collectifs qui sont aussi dangereux que le pouvoir personnel. Le nombre est une garantie, il n'est pas bien en soi. Il a aussi ses maladies, ses humeurs, ses excès. L'anonymat est une forme de la tyrannie.

(*Dire*, 15 décembre 1969)

*

En politique, rien n'est plus difficile à garder qu'un secret. On l'a à peine confié à quelqu'un en lui disant de ne rien répéter qu'il court déjà Paris. Or le secret, c'est l'atout clé en politique. Voilà pourquoi j'ai toujours pris mes aises avec la vérité.

(Cité par Franz-Olivier Giesbert, entretien 2 septembre 1994, *François Mitterrand, une vie*)

*

La combinaison politique est la forme moderne de la conspiration à l'usage des gens de bonne compagnie.

(*Ma part de vérité*)

*

Les rumeurs, c'est pire que les papillons, pour arriver à les rattraper. Ou bien le sel sur la queue d'un oiseau : on a tout essayé et on n'a jamais réussi. Alors, laissez-les courir.

(Birmingham, 16 octobre 1992)

*

Il faudrait qu'on s'habitue à Paris, du côté du Palais-Royal, à considérer que la province française n'est pas le Kamtchatka ou le désert de Kalahari. On y trouve aussi un certain nombre d'agréments.

(Lille, inauguration TGV-Nord, 18 mai 1993)

*

Dans les coins reculés, on me considérait parfois comme le seigneur d'antan. De braves gens, par exemple, me demandaient d'intervenir pour un procès de mitoyenneté – sur lequel je ne pouvais rien ! Et à la fin du rendez-vous, on posait sur mon bureau un poulet rôti ou une piécette ! J'expliquais que les choses ne se passaient plus ainsi, j'envoyais le poulet aux cuisines de l'hôpital et je rendais la pièce ! Oui, il y a des mythologies.

(Entretien avec Bernard Pivot)

*

Sur le train de vie présidentiel :
Je dépense beaucoup moins que mes prédécesseurs, j'ai une utilisation radine de ma dotation.

(Michel Martin-Rolland et Pierre Favier, *La Décennie Mitterrand I*)

*

La raison d'État est le plus souvent invoquée par les complices... ou les coupables...

(Interview au *Monde*, 5 décembre 1979)

*

Changer d'aile, comme on dit au rugby, est sain si l'on n'en abuse pas. C'est comme ça qu'on marque des points.

(*Paris Match*, 23 novembre 1989)

*

J'ai été placé par le destin à un poste qu'il n'offre qu'à ses favoris, où l'on reçoit l'hommage de l'injure, de l'injustice et de l'ingratitude. Quiconque l'a occupé et a su apprécier la nature de ce privilège n'a pas beaucoup de degrés à franchir pour atteindre à la dignité du pouvoir.

(Ma part de vérité)

*

L'alternance est l'oxygène de la démocratie.

(*Paris Match*, 23 novembre 1989)

*

L'habileté ne monte pas assez haut pour expliquer les grands destins. Les derniers mètres se font seul : on ne peut juger un homme qu'à la fin.

(L'Abeille et l'Architecte)

*

Quel est le rôle exact du président de la République ? C'est un arbitre dans de nombreux domaines. On dira, pour être plus juste, que c'est un peu un juge-arbitre, c'est-à-dire qu'il lui appartient de temps à autre de siffler, quand ce ne serait que la fin de la partie.

(Europe 1, 9 décembre 1986)

*

Un président, ça se fabrique en vingt ans. [...] Le candidat doit tout sacrifier à cet objectif. Il faut que ce soit une obsession, du matin au soir, qui l'étreigne dès qu'il met ses chaussettes, pour ne plus le quitter jusqu'à ce qu'il se couche.

(La Fin d'une époque)

*

1980 : Sur les cinq cents signatures d'élus nécessaires à un candidat à l'élection présidentielle :

– *C'est un système qui tend à éliminer les candidats considérés comme marginaux. Vous paraît-il démocratique ?*

– L'élection à la présidence de la République n'est pas Radio-Crochet.

(Ici et maintenant)

*

Les seuls bons référendums sont ceux qu'on gagne.

(Vœux à la presse, 4 janvier 1985)

*

– *On vous prête parfois l'intention d'organiser un référendum sur le mandat présidentiel et sa durée.*

– Mais on me prête beaucoup de choses, et avec usure, monsieur Du Roy !

(Antenne 2, 16 janvier 1985)

*

Avant l'annonce de sa candidature aux élections présidentielles de 1988 :

Je ne suis pas candidat à la présidence de la République, je suis président de la République.

(14 juin 1986)

*

Mars 1987, avant l'annonce de son éventuelle seconde candidature :
L'an prochain, j'aurai davantage de temps pour me promener en forêt [...]. Mais je n'aurai plus les mêmes facilités de transports [...]. Ça peut faire hésiter.

(Édith Boccara, *Mitterrand en toutes lettres*)

*

La foule : – Représentez-vous ! Représentez-vous !
Le Président : – Je vous entends ; cela ne veut pas dire que je vous écoute !

(Samedi 21 mars 1987, Jacques Attali, *Verbatim II, 1986-1988*)

*

Sur une seconde candidature :
La meilleure partie de moi-même me conseille de ne pas le faire... mais c'est l'autre qui l'emportera !

(TF1, 17 septembre 1987)

*

Sur l'éventualité d'une seconde candidature :
Je crois bien que mes amis ne me désigneront pas... mais mes adversaires, de la manière dont ils s'y prennent, ils pourraient bien y arriver.

(RTL, 16 novembre 1987)

*

Les responsabilités nous envahissent, c'est vrai. Mais, sans elles, qu'est-ce qu'on s'ennuie.

(Mardi 31 mars 1987, Jacques Attali, *Verbatim II, 1986-1988*)

*

Réponse à la question d'un journaliste :
– Jospin a dit que vous étiez un candidat implicite ; qu'est-ce qu'un candidat implicite ?
– C'est un candidat qui n'est pas explicite.

(*Le Canard enchaîné*, 13 janvier 1988)

*

J'ai toujours envie d'être président après 88, mais franchement... je n'ai plus envie d'être candidat.

(Cité par Patrice de Méritens, *Les Mots de François Mitterrand*)

*

Est-ce que les personnes âgées doivent encore se mêler des affaires publiques ? [...] Oui, parce qu'on n'a jamais vu l'âge transformer une abeille en bourdon...

(TF1, 17 septembre 1987)

*

Avril 1991, sur les perspectives politiques :
J'ai été élu en 1981 par épuisement de la droite ; puis réélu en 1988 parce que j'étais déjà là. Ce ne sont pas des circonstances faciles à reproduire.

(Rapporté par Sylvie Pierre-Brossolette, *Paroles de Présidents*)

*

Sur son refus de signer l'ordonnance sur l'aménagement du temps de travail présentée par le gouvernement Chirac :
J'avais dit : on ne revient pas sur les avantages acquis ; je ne signe pas, un point c'est tout... On me dit que je risque de perdre mon image d'arbitre ; c'est inexact : un arbitre qui ne siffle jamais, on le renvoie au vestiaire avant la fin de la partie.

(*Le Canard enchaîné,* 15 juillet 1986)

*

Lors du refus de signer les ordonnances de privatisation :
Quel que soit le débat juridique sur cette question, il me manquera toujours une goutte d'encre dans mon stylo pour signer.

(Cité par Michel Charasse, *55, rue du Faubourg Saint-Honoré*)

*

À Alain Decaux qui se plaint de la mauvaise sonorisation de la salle du Conseil des ministres :
Peut-être quelquefois vaut-il mieux ne rien entendre !

(Cité par Patrice de Méritens, dans *Les Mots de François Mitterrand*)

*

Sur la cohabitation :
Les compétences sont levées, je suis un notaire.

(Cité par Laure Adler dans *L'Année des adieux*)

*

Sur l'atmosphère qui règne à l'Élysée durant la cohabitation :
La discrétion ici n'est pas une vertu mais une nécessité.

(Cité par Laure Adler dans *L'Année des adieux*)

*

Après la menace de certains leaders de la droite de refuser de participer à un nouveau gouvernement de cohabitation :
Ceux qui ne voudront pas gouverner, je n'irai pas les chercher. Permettez-moi de vous le dire, en cherchant un peu, on en trouve toujours...

(TF1, *7/7*, 15 décembre 1991)

*

Sur la cohabitation :

Travailler ensemble quand on n'est pas fait pour, cela suppose un *modus vivendi.* J'entends beaucoup de déclarations belliqueuses, le cliquetis des cottes de mailles. J'irai, de mon côté, sans arme ni armure et sans crainte.

(*Le Monde,* 8 février 1993)

*

– *Vous pouvez me dire s'il y a une différence entre 1993 et 1986 ?*

– Elle est sensible, je pense que vous l'avez déjà remarquée.

– *Le chat a rentré ses griffes...*

– Les griffes, rentrées ou sorties, sont toujours là !

(TF1, France 2, Europe 1, 14 juillet 1993)

*

En 1994, durant la seconde cohabitation :

La cohabitation ? C'est un peu comme la navigation sur la Loire : on ne peut pas foncer sans risquer de s'échouer sur un banc de sable.

(Cité par Laure Adler dans *L'Année des adieux*)

*

2 avril 1993, à la sortie du premier Conseil des ministres du gouvernement Balladur :
C'est le gouvernement le plus à gauche depuis 1983.

(*Le Canard enchaîné*, 7 avril 1993)

*

– *Nombreux sont les téléspectateurs qui voudraient vous voir partir avant l'échéance de l'élection présidentielle, considérant pour la plupart que deux septennats, c'est trop long.*
– Pourrais-je vous dire que ceux qui disent cela, il faudrait que je les remercie. Ils sont gentils pour ma santé, ils voudraient que je me repose !

(France 3, 19 février 1993)

*

– J'ai eu à gérer trois alternances en sept ans : 1981, 1986, 1988. Tout compte fait, cela s'est plutôt bien passé.
– *Peut-être en connaîtrez-vous une quatrième ?*
– Tout est possible. Mais on passerait alors de l'alternance au tournis.

(*Paris Match*, 23 novembre 1989)

*

À l'approche des élections législatives de 93, François Mitterrand répond à un journaliste qui le questionne sur son attitude face à une très probable assemblée de droite :

– Vous n'envisagez pas un départ ?

– Je ne leur ferai pas cadeau d'un jour. Ils disent qu'ils vont me couper l'eau et l'électricité. Tant mieux, je boirai du vin et je travaillerai à la bougie.

(*Le Canard enchaîné,* 13 janvier 1993)

*

Est-ce que cela a été long pour vous, quatorze ans ?

– Cela l'a été surtout pour ceux qui auraient préféré en voir d'autres à ma place.

(TF1, France 2, 10 mai 1994)

*

Ce qui est bon, c'est l'alternance. [...] Il est bon, non pas de changer de rayon politique, ce ne serait pas forcément heureux à la présidence de la République, mais il est bon de changer les personnes. Songez que les enfants de quinze à vingt ans [...] n'ont jamais vu que moi ! Je serais à leur place, je serais un peu lassé.

(TF1, France 2, 14 juillet 1994)

*

– *Vous ne vous représentez pas ?*
– Soyons modestes, naturellement. Pourquoi voulez-vous me le faire répéter ?
– *Vous ne l'avez jamais dit, vous l'avez laissé entendre.*
– Pas à vous, mais nous ne passons pas nos journées ensemble.

(TF1, France 2, 14 juillet 1994)

*

Au plus fort de la campagne présidentielle et des affrontements entre Jacques Chirac et Édouard Balladur, François Mitterrand s'adresse à ce dernier, alors Premier ministre :
Si j'avais seulement cinq ans de moins, je serais candidat et je vous battrais tous car je sais encore comment faire !

(Cité par Michel Charasse, *55, rue du Faubourg Saint-Honoré*)

*

La technocratie administrative déteste et jalouse la politique, vierge folle qui court et musarde hors du logis, tandis qu'elle, vierge sage, tient la maison.

(Le Coup d'État permanent)

*

Les « techniciens » :
Pendant les dix-huit premiers mois de mon mandat, j'accordais une confiance totale aux techniciens qui me conseillaient. S'ils m'affirmaient que telle mesure que je préconisais était inapplicable, je me rangeais à leur avis. Aujourd'hui, s'ils me disent qu'une mesure est inapplicable, je leur donne trois mois pour la mettre en œuvre et, souvent, ils le font en trois semaines.

(*Le Canard enchaîné,* 4 décembre 1985)

*

J'ai des courtisans, mais pas de cour.

(*Globe*, 13 mars 1986)

*

Dans un livre que j'ai lu, on dit que mes conseillers exercent trop d'influence. Vous ne pouvez pas savoir comme ils ont été heureux de lire cela. Cela a été pour eux une de ces surprises !

(Arles, 1er février 1986)

*

Sur l'entourage d'un président de la République :
Les autres se tiennent à distance. On me dit « oui » parfois avant que je le sollicite. Pas toujours bien sûr, mais c'est la tendance.

(*Globe*, 13 mars 1986)

*

À ses collaborateurs, à propos des prises d'otages :
Si on m'enlève, ne cédez pas ! Si on vous enlève, je ne céderai pas ! Vous êtes prévenus ! Mais personne n'est obligé de rester avec moi.

(Cité par Michel Charasse, *55, rue du Faubourg Saint-Honoré*)

*

Mieux vaut maintenir en place un adversaire docile qu'installer un ami indocile.

(Cité par Franz-Olivier Giesbert, *François Mitterrand, une vie*)

*

Les courtisans [...] lorsqu'ils se trouvent devant un président de la République qui en est à la troisième année de son deuxième mandat, pensent davantage au prochain qu'à celui qui commence à s'estomper dans le passé, que je suis ! Croyez-moi, un courtisan, cela va vite ! Cela précède !

(Antenne 2, TF1, 14 juillet 1990)

*

Chaque fois qu'on parle dans les journaux des « Proches du président », si vous n'étiez pas liés par le secret professionnel, je vous demanderais des noms. Les « Proches du président » sont d'un bavard ! En plus, ils ne savent rien.

(Château-Chinon, 16 mars 1986, cité par *Libération,* 17 mars)

*

Un caractère fort qui s'abaisse va toujours plus loin dans le zèle qu'un faible qui n'a pas à battre monnaie de son abnégation.

(Le Coup d'État permanent)

*

Quand on s'use à faire carrière, il ne reste rien pour l'Histoire. Je n'envie pas le sort de tel ou tel de nos contemporains qu'une longue inutilité finit par rendre indispensable.

(*L'Abeille et l'Architecte*)

*

À la suite de l'une des nombreuses demandes d'audience qui suivirent l'annonce de sa maladie :
Il n'a rien à me dire et moi non plus. C'est une visite « médicale » ! Il veut voir ma tête pour alimenter ensuite ses dîners en ville.
Puis après avoir accepté, blasé : On ne peut quand même pas tarir toutes les sources d'information !

(Cité par Michel Charasse, *55, rue du Faubourg Saint-Honoré*)

*

On ne s'use que si on sert, bien qu'on sache que ceux qui ne servent à rien s'usent beaucoup !

(Conférence de presse, 11 septembre 1991)

*

À un député fraîchement élu :
Maintenant votre rôle consiste à obtenir la Légion d'honneur pour des gens dont la première préoccupation sera de se brouiller avec vous afin d'oublier que vous y êtes pour quelque chose...

(Lundi 31 mars 1986, cité par Jacques Attali, *Verbatim II, 1986-1988*)

*

À propos de la promotion d'un haut fonctionnaire, qu'il vient de signer :
Ce serait dommage que tant de trahisons ne soient pas récompensées.

(Cité par Jacques Attali, *Verbatim I, 1983-1986*)

*

– *Vous n'êtes pas sensible à tout ce qui s'est passé à l'opéra Bastille ? Il y a eu vraiment des problèmes de personne.*
– Il s'est toujours passé beaucoup de choses dans les opéras !

(France 2, 14 avril 1995)

*

« Jean-foutre », on l'est une fois, deux fois, pas trois quand on n'a pas la vocation !

(Ici et maintenant)

*

Quand la peur s'empare des Assemblées, elles se cacheraient dans un trou à rat. On ne rencontre pas tous les jours un Mirabeau pour fermer la ratière.

(Mémoires interrompus)

*

En politique [...] on n'est le père de personne... On a quelques amis, parfois deux ou trois disciples, mais des enfants jamais.

(*Le Canard enchaîné*, 19 avril 1989)

*

Un dictateur [...] n'a pas de concurrent à sa taille tant que le peuple ne relève pas le défi.

(Le Coup d'État permanent)

*

Charlot s'est trompé de rôle. Je ne ris pas des dictateurs.

(La Rose au poing)

*

Il n'est pas de long règne immobile. Hors du mouvement le roi tombe. [...] La terre éclate à vouloir imposer les lois de pesanteur à la sève qui monte. [...] Les miradors n'y peuvent rien.

(L'Abeille et l'Architecte)

*

– La presse a tenté de vous sacrer monarque. Comment avez-vous réagi, là aussi ?
– Monarque... Mon Dieu, c'est une déchéance, monarque...

(TF1, 12 février 1989)

*

Je n'ai pas du tout l'intention de demander à un membre de ma famille de me succéder, même à un cousin éloigné.

(TF1, France 2, 14 juillet 1994)

*

Auguste Legros, maire de Saint-Denis (île de la Réunion), opposant politique, a appelé le président « Monsieur le Ministre ».
Il m'appelle « Monsieur le Ministre » ? J'avais envie de lui dire : « Au revoir, madame ! »

(Cité par Patrice de Méritens, *Les Mots de François Mitterrand*)

*

Sur les grands travaux :
Certains parlent de mégalomanie en ce qui vous concerne en la matière [...]. Bien. Et la salle de la Géode, vous ne la trouvez pas un peu petite ?
– Alors, vous me trouvez mégalomane, et vous souhaiteriez que je fasse plus grand ?

(TF1, 28 avril 1985)

*

– *Le pouvoir, est-ce que ce n'est pas aussi une thérapeutique, le meilleur élixir de vie ?*
– Qui sait ? Peut-être. Dans ce cas-là, il faudrait que je me fasse réélire.

(France 2, 12 septembre 1994)

*

Après la parution d'articles de presse mettant en cause le rôle en Afrique de son fils Jean-Christophe Mitterrand :
Tout cela est méprisable. Quand on ne peut sérieusement critiquer une politique, on fait les poubelles et, au besoin, on les remplit soi-même.

(*Le Canard enchaîné,* 20 juin 1990)

*

Je pardonne toutes les erreurs, jamais les indiscrétions.

(Cité par Michel Charasse, *55, rue du Faubourg Saint-Honoré*)

*

Je n'aime pas que mes adversaires s'abaissent, fût-ce à notre profit. L'esthétique a quelques liens avec la politique.

(L'Abeille et l'Architecte)

*

– *Il faut que les têtes tombent pour réussir une politique ?*
– Des têtes sont tombées ? On a même aboli la peine de mort.

(TF1, 15 décembre 1985)

*

Je me suis moi-même trop souvent trompé pour refuser l'indulgence à mes adversaires.

(Ma part de vérité)

*

Quand les gens s'opposent, moi je dis convictions contre convictions oui, mais sectarisme contre sectarisme, non.

(TF1, 17 septembre 1987)

*

Le pragmatisme, c'est une nécessité, si le pragmatisme prend le pas sur les valeurs que l'on veut servir, alors cela devient de l'opportunisme, c'est autre chose. Mais savoir apprécier les modalités, le moment, le rythme, c'est le B.A.-BA d'une responsabilité politique.

(Palais de l'Élysée, 21 novembre 1985)

*

Je n'accepte pas les principes à tiroirs. Celui qu'on ouvre et celui qu'on ferme selon l'opportunité du moment.

(Ma part de vérité)

*

J'ai souvent remarqué que les politiques les plus opportunistes perdaient pied dès qu'ils commençaient à servir une idée. Que c'était le début de leur perte.

(Mémoires interrompus)

*

Une politique qui se borne à brasser des rêves les trompe tous. Une politique qui les ignore se trompe sur la nature de ceux qu'elle prétend conduire.

(*France-Soir*, 23 novembre 1970)

*

L'existence politique d'un redresseur de torts soumis à ses impulsions plutôt qu'à ses principes n'a de remarquable que son incohérence et finalement son inutilité.

(Ma part de vérité)

*

Je me méfie de ceux qui se font défenseurs de l'ordre quand ils l'ont sous la main.

(L'Abeille et l'Architecte)

*

– *Comment lutter contre le fanatisme ?*
– Ne pas lui opposer un autre fanatisme.

(Mémoire à deux voix)

*

Pour employer une litote, l'intégrisme ne me paraît pas le plus sûr moyen de parvenir à la démocratie.

(Oman, conférence de presse, 30 janvier 1992)

*

« Société civile » ? Y a-t-il une société qui ne soit pas civile ? Les hommes politiques professionnels sont-ils des militaires ?

(Cité par Jacques Attali, *Verbatim III, 1988-1991*)

*

Faire, c'est bien, faire et faire savoir, c'est mieux. Du moins en politique-spectacle.

(*L'Événement du Jeudi*, du 5 au 11 mai 1988)

*

Les évidences doivent être souvent rappelées. Je me demande même si je ne passe pas l'essentiel de mon temps à ça.

(Colloque « Vive la Radio », 25 octobre 1991)

*

La réalité vaut mieux que la perception qu'on peut en avoir, le danger pour les responsables politiques est de croire parfois que la perception pourrait mieux valoir que la réalité.

(France Inter, 22 octobre 1991)

Sur les sondages

Il y a un tel abus des sondages que les gens « sondés » finissent par exprimer non pas leur préférence mais l'idée qu'ils se font de la préférence des autres. C'est le phénomène du tiercé !

(Ici et maintenant)

*

Un oui massif ne prouve pas que les gouvernements ont raison, mais qu'ils savent se soumettre à l'opinion qu'ils ont pourtant pour devoir de conduire.

(Mémoires interrompus)

*

Ce sont les instituts de sondage qui doivent gouverner ? Si j'avais partagé ce point de vue, la peine de mort n'aurait jamais été abolie.

(Cité par Jacques Attali, *Verbatim III, 1988-1991*)

*

Supposez un sondage sur Munich en 1938, sur l'armistice en 1940, sur Pétain en novembre 1942, et supputez le résultat probable !

(Ici et maintenant)

*

C'est l'Audimat [...] qui gouverne la France ! Vous pensiez que c'était moi ?

(Carmaux, 19 novembre 1992)

*

– *Vous savez mieux que tout le monde que les sondages vont et viennent et qu'en ce moment ils sont au plus bas puisque...*
– S'ils sont au plus bas, ils sont rassurants.

(TF1, France 2, 4 février 1992)

*

Je m'inquiète de ces hommes politiques qui, pour un point dans les sondages, se soulageraient d'un Munich par mois.

(Ici et maintenant)

Sur la presse

Les journalistes se plaignent assez souvent des hommes politiques, non ? Et il serait interdit aux hommes politiques de se plaindre parfois des journalistes ?

(France Inter, 22 octobre 1991)

*

Le drame de la presse, c'est qu'elle n'est jamais sanctionnée. Quand il se trompe, l'homme politique est battu. Il lui faut, ensuite, traverser les déserts. Le journaliste, lui, peut écrire n'importe quoi et se tromper sur tout, cela ne change rien, ses journaux se vendent toujours aussi bien ou aussi mal. Il est intouchable. C'est pourquoi, sur le tard, il devient presque toujours pompeux et mégalo.

(Cité par Franz-Olivier Giesbert, entretien 5 mars 1978, *François Mitterrand, une vie*)

*

Je préfère les conseils d'un bon conseiller général de terrain à ceux d'un éditorialiste assis derrière son bureau.

(*Le Canard enchaîné,* 9 septembre 1992)

*

Nous avons donné une liberté totale à la presse, à la justice, et elles se sont retournées contre nous. Punissons-nous.

(1994, cité par Laure Adler dans *L'Année des adieux*)

*

La presse est un pouvoir sans conscience, sans règles, qui n'a rien de démocratique, sauf qu'il est nécessaire à la démocratie.

(Cité par Jacques Attali, *Verbatim III, 1988-1991*)

*

Le pouvoir de la presse qui s'affirme aujourd'hui est sans règles, sans déontologie. Il n'a aucune institution, sinon de s'abriter derrière la bannière de la liberté de la presse, qui cache souvent le pouvoir de l'argent.

(Cité par Jacques Attali, *Verbatim I, 1983-1986*)

*

La liberté de la presse présente des inconvénients. Mais moins que l'absence de liberté.

(Sofia, 19 janvier 1989)

*

Si je devais démentir tout ce qui paraît dans *Le Figaro*, je n'en sortirais pas.

(*Questions à domicile,* TF1, 31 mars 1988)

*

Paris Match ou l'art d'accommoder la fausse nouvelle. Pouah, quelle sauce ! Depuis bientôt trente ans, je n'arrive pas à surmonter la répulsion que m'inspirent et la gargote et le cuistot.

(*L'Unité,* 25 juillet 1975)

*

On ne peut pas arriver à une émission de télévision les doigts dans le nez, avec le seul prestige d'une jolie pochette. Le « look » c'est l'apparence. Il faut une apparence. Mais si elle ne recouvre qu'une forme vide, ça se voit vite. La télévision est féroce. Elle montre ce qui est.

(*Le Point,* 21 septembre 1987)

*

Quand un ministre s'exprime à la télé, on a toujours l'impression qu'il commence à s'excuser.

(*Le Canard enchaîné,* 4 mars 1992)

*

La caméra c'est pour moi un monstre dominé. Je l'efface.

(*Globe*, 13 mars 1986)

*

À Mme Baudrier, p-d.g. de Radio-France, qui l'interrogeait lors d'un petit déjeuner de France Inter, en 1976 :

– *Quel poste écoutez-vous le matin ?*

– France Inter, Madame, parce que cela me permet de savoir ce que pense le gouvernement.

(Ici et maintenant)

*

– *Voilà. Après le journal de 19 heures, nous parlerons de la 5, d'Europe 1 et, naturellement, de questions politiques pour mars 1986, de la situation économique et, en même temps, de ce que vous pensez des projets des libéraux.*

– Si vous avez le temps d'aborder tous ces sujets, je vous féliciterai.

(Europe 1, 9 décembre 1985)

*

À propos des membres de la CNCL *:*

Comme disait Chateaubriand, le temps est venu d'économiser son mépris. Sans cela, avec ces gens, on se ruinerait vite.

(*Le Canard enchaîné*, 14 octobre 1987)

*

Attablé avec deux éditorialistes de renom dans un restaurant, François Mitterrand interpelle le comédien Claude Brasseur qui triomphe dans la pièce Le Dîner de cons *:*

– Vous avez toujours votre *dîner* ce soir ?

– *Oui...*

– Vous voyez, moi je déjeune !

(*Le Canard enchaîné*, juin 1997)

*

À la suite d'un papier alarmant et prétendument scientifique paru dans Le Monde, *mettant sérieusement en question les capacités physiques du Président à diriger la France :*

Vous avez vu ça, il n'y a plus qu'à appeler le curé ! Et profitez-en pour résilier tous les abonnements souscrits par l'Élysée au *Monde* !

(Cité par Michel Charasse, *55, rue du Faubourg Saint-Honoré*)

*

– *Par tempérament vous iriez vers l'apaisement, vers la recherche de l'apaisement entre les Français...*

– Qu'est-ce que je fais depuis quatre ans et demi ? Vous m'avez entendu élever la voix contre celui-ci ou contre celui-là, même au fond quand il le méritait ? J'aurais peut-être dû le faire plus souvent. Je vais essayer de me rattraper.

(Europe 1, 9 décembre 1985)

*

J'ai très rarement de l'irritation ou alors j'aurais épuisé absolument ma réserve depuis onze ans et demi, douze ans.

(TF1, France 2, France 3, 14 juillet 1993)

*

La calomnie dévoile un terrible désarroi chez ceux qui s'y adonnent... Quand ils en arrivent là, c'est qu'ils sont perdus, qu'ils le savent et qu'ils perdent la tête. Les mots pour eux n'ont plus de sens. Il ne leur reste plus que l'injure. Plus tard, dès qu'on aura le temps, on prendra pitié d'eux.

(*Le Monde,* 20 juin 1990)

*

Je suis le punching-ball national. En général le boxeur se fatigue avant le punching-ball.

(Devant des parlementaires, 19 décembre 1991)

*

À l'approche des législatives de 1988 :
Avant de se demander s'ils pourraient cohabiter avec moi, Barre, Giscard et Chirac feraient mieux de cohabiter entre eux.

(*Le Canard enchaîné,* 27 février 1985)

*

– Je considère les résultats de ces élections comme un échec pour tous ceux qui ont participé à la majorité présidentielle et moi d'abord.
– *Ah bon ?*
– Comment « ah bon » ? Vous voulez que je vous apporte les instruments du bourreau ?

(TF1, France 2, Europe 1, France Inter, RTL, 12 avril 1992)

*

Après le premier conseil des ministres de la cohabitation, François Mitterrand confie à Louis Mermaz :
À un moment, je me suis demandé ce qu'ils faisaient là. Et ce que je faisais là.

(Mars 1986, rapporté par Sylvie Pierre-Brossolette, *Paroles de Présidents*)

*

– *Le gouvernement cherche des idées...*
– Je lui en donnerai s'il en veut.

(TF1, France 2, Europe 1, 14 juillet 1993)

*

– *Alors, vous qui avez une grande expérience de l'opposition...*
– Oui, je pourrais donner de très bons conseils !

(Antenne 2, 16 janvier 1985)

*

Pendant la première cohabitation, André Giraud fait remarquer à François Mitterrand qu'il s'est trompé de fauteuil lors d'un Conseil des ministres :

– *Monsieur le Président, vous avez pris mon fauteuil, et comme je n'ai pas envie de prendre le vôtre...*

– Ah ! Vous êtes bien le seul !

(1986, rapporté par Sylvie Pierre-Brossolette, *Paroles de Présidents*)

*

À la suite des nominations dans l'administration après le changement de majorité de 1986 :

Jacques Chirac : – Vous savez, les remplacements ne vont pas vite.

François Mitterrand sourit : – Ah... Pas vite ? À la vitesse d'un rouleau compresseur !

(14 mai 1986, cité par Jacques Attali, *Verbatim II, 1986-1988*)

*

Sur les rapports entre le Front national et la droite :

Le FN, ils l'aiment comme une force d'appoint. Le Pen, ils l'invitent à condition qu'il n'entre pas au salon, qu'il reste silencieux pour ne pas déranger le beau monde. Le Pen, c'est leur enfant, il s'accroche à leurs basques. Ils n'ont pas fini de le subir.

(*Le Canard enchaîné*, 7 septembre 1988)

*

– *L'opposition en France se plaint de ce qu'elle appelle notre absence dans l'Europe de l'Est.*
– Cette critique relève de la mécanique verbale qui sert de réflexion à ceux qui portent ce jugement.

(*Paris Match*, 23 novembre 1989)

*

– *Quelles réflexions vous inspire le fait de voir certains dirigeants de l'opposition se promener en Afrique ?*
– Ils ont le droit de circuler. Pas de dire n'importe quoi.

(*Le Monde*, 8 février 1993)

*

La politique africaine, cela ne se résume pas à savoir si tel dirigeant est mieux que tel autre, la démocratie ne se résume pas à changer l'occupant du fauteuil.

(Cité par Laure Adler dans *L'Année des adieux*)

*

Lors d'une visite du Président à Kourou en 1985, un tir de la fusée Ariane avait échoué. Quelque temps plus tard, le Président rentré à Paris, un nouveau tir échoue :
La démonstration est faite : l'autre fois, je n'y étais pour rien !

(Cité par Michel Charasse, *55, rue du Faubourg Saint-Honoré*)

*

LE CAPITALISME,
LA DROITE,
L'OPPOSITION

On sait comment l'esprit vient aux filles. Il vient au capitalisme dès qu'il y a quelque chose à gagner au meilleur prix.

(Ma part de vérité)

*

Je ne considère pas le capitalisme comme un monstre avide de chair humaine. Il assouvit simplement un appétit, qui le conduit, faute d'avoir toujours sous la dent de quoi se satisfaire, à se manger lui-même. Mais avant d'en arriver là, il aura dévoré le reste.

(La Paille et le Grain)

*

Sur la société capitaliste :
Colossale puissance des maîtres de cette société qui façonnent à la fois les désirs, les besoins, les rêves et leur assouvissement, qui forgent à la fois l'esclave, ses chaînes et l'amour de l'esclave pour ses chaînes.

(Ma part de vérité)

*

Je ne sais pas s'il y a un mur de l'argent, mais j'en connais beaucoup qui s'y sont cassé la tête.

(Conférence de presse, 24 septembre 1981)

*

Les grandes fortunes ne se font pas sur les chemins de la vertu.

(Rapporté par Franz-Olivier Giesbert, 24 janvier 1992, dans *La Fin d'une époque*)

*

Le monopole ! terme extensif... pour signifier toutes les puissances de l'argent, l'argent qui corrompt, l'argent qui achète, l'argent qui écrase, l'argent qui tue, l'argent qui ruine, et l'argent qui pourrit jusqu'à la conscience des hommes !

(Congrès d'Épinay, 11 juin 1971)

*

Aujourd'hui, on peut s'enrichir en dormant ; il suffit d'être propriétaire de bonnes valeurs mobilières, de bons terrains ou de bons locaux, et de regarder le temps passer.

(Auxerre, 29 mai 1990)

*

Je ne me suis jamais occupé d'argent car je n'en ai jamais eu besoin.

(Il faut laisser le temps au temps)

*

Sur l'attribution d'une chaîne de télévision à un groupe capitaliste :
Vous savez, pour une chaîne comme cela, il y a une mise qui représente 1 milliard et demi de francs, puis 500 millions pour commencer avant d'espérer le moindre gain. Une telle somme ne se trouve pas n'importe où ; à priori ce ne sont pas des ennemis du commerce qui peuvent en disposer. Des socialistes à 1 milliard 500 000 francs, comme point de départ : c'est rare.

(Palais de l'Élysée, 21 novembre 1985)

*

Le discours libéral, c'est le discours du maître.

(Cité par Jacques Attali, *Verbatim I, 1983-1986*)

*

L'homme de droite honnête parle de liberté comme d'un axiome de droit public, et non comme d'une réalité vivante et quotidienne. Il fait un beau discours, rentre chez lui et dort en paix. On devine qu'il sera fort surpris le jour où la liberté, passant sous ses fenêtres, chantera le « ça ira ».

(Mitterrand par Mitterrand)

*

P. Séguin : – Beaucoup d'économistes [...] prétendent [...] que la monnaie unique présente des dangers sur le plan économique.
F. Mitterrand : – Vous savez, chacun a ses économistes !

(*Aujourd'hui l'Europe*, TF1, 3 septembre 1992)

*

Sur les facilités d'impôts accordées aux plus riches :
Quand il s'agit d'argent, ne nous y trompons pas, l'imagination est au pouvoir.

(*La Rose au poing*)

*

Sur la baisse des crédits à la recherche par le gouvernement Balladur :
De temps en temps, nous aurons un prix Nobel à condition qu'il soit naturalisé américain.

(Cité par Laure Adler dans *L'Année des adieux*)

*

J'aurais pu plaider ses dossiers les plus riches d'honoraires (cela m'est arrivé), j'aurais pu passer dans la pièce d'à côté et entrer dans ses conseils d'administration. Le capitalisme n'aime rien tant pour cette besogne que les hommes de gauche et les généraux en retraite.

(*Ma part de vérité*)

*

Je ne jurerai pas que le rapport annuel de la Cour des comptes soit autre chose qu'un exercice pratique de psychanalyse collective. L'aveu libère. Reconnue, la faute se fait désirable. Il ne reste plus qu'à la recommencer.

(L'Abeille et l'Architecte)

*

Sur le budget 1972 :
Les dépenses militaires excessives freinent la construction des hôpitaux, empêchent que l'on forme des professeurs ou que l'on rende les villes habitables. La classe dirigeante peut se faire soigner dans les cliniques privées, envoyer ses enfants dans des écoles privées, respirer à sa fenêtre l'oxygène privé des riches. Tant pis pour les autres.

(La Rose au poing)

*

1980 :
Nous avons une politique étrangère qui s'efforce avant tout de plaire à l'interlocuteur du moment, et plus encore s'il est puissant, quand il ne s'agit pas simplement de plaire à l'opinion française. C'est une politique sans idées générales, sauf une : épouser les circonstances.

(Ici et maintenant)

*

La droite a des intérêts, peu d'idées et les idées de ses intérêts.

(Ici et maintenant)

*

Il n'y a que les gens de droite pour dire que la droite et la gauche ont cessé d'exister.

(Conférence de presse, 21 septembre 1965)

*

Bœuf gras dans un pré et qui va d'un pré à l'autre selon son appétit, la droite n'a pas d'idée. La gauche rêve, pense, travaille, combat pour l'ensemble des hommes.

(Ma part de vérité)

*

Il y a ceux qui rêvent d'un paradis perdu : c'est la droite. Il y a ceux qui rêvent d'un monde accompli futur : c'est la gauche.

(François Mitterrand : portrait total)

*

– *Est-ce que vous pensez que la droite et la gauche sont aujourd'hui fondamentalement d'accord sur la liberté ?*
– Fondamentalement est peut-être un adverbe ambitieux.

(*L'Express*, juillet 1989)

*

Le centre, variété molle de la droite.

(*L'Abeille et l'Architecte*, 1976)

*

La majorité [...] n'aime les socialistes qu'après leur mort. La droite veut nous prendre Jaurès et Blum, mais nous ne lui avons réclamé ni Déroulède ni Maurras.

(*Le Monde*, 15 février 1978)

*

Je pense qu'un centre qui vote toujours avec la droite ou l'extrême droite, c'est un drôle de centre.

(Entretien télévisé, 14 juillet 1988)

*

Gare à la bedaine des indépendants, gens bien nourris et de chair flasque.

(Mitterrand par Mitterrand)

*

L'envie me démangeait depuis longtemps de fouailler l'imposture de cette droite qui ose se prétendre « nationale » avec un droit exclusif sur l'appellation contrôlée du cru France et sa mise en bouteilles, au château bien entendu. [...] Ah ! ces fières lombaires du nationalisme intégral.

(L'Abeille et l'Architecte)

*

Vous savez le nom qu'ils se donnent ceux qui ont trahi leur devoir quand l'ennemi était chez nous, ceux qui ont épuisé la France dans des guerres lointaines pour l'intérêt de quelques-uns, ceux qui ont souillé son nom avec leurs instruments de torture, ceux qui l'aiment comme ils aiment leur coffre-fort, ceux qui la rabaissent au niveau d'un slogan électoral : ils sont les nationaux. Les nationaux ! [...] *La Marseillaise* dans leur bouche était comme une insulte au peuple de la liberté.

(Ma part de vérité)

*

La bourgeoisie a toujours choisi son intérêt ou ce qu'elle croyait être son intérêt. Le patriotisme ne fait partie de ses intérêts que sous bénéfice d'inventaire.

(Mémoires interrompus)

*

Sur le silence de la droite relatif aux dictatures sud-américaines :
Qui donc, en France, a compté les victimes, qui a jugé les actes, qui a crié justice ? La majorité, si attentive à ce qui se passe à Prague, se tait. Ces gens au cœur écorché ne saignent que lorsqu'on tue du bon côté.

(La Rose au poing)

*

À la suite d'une affaire d'écoutes téléphoniques :
Le téléphone a remplacé, à moindres frais, l'indicateur qui, dans les restaurants, notait vos paroles en vous passant les plats.

(La Paille et le Grain)

*

À la suite d'une répression sanglante en Argentine :
La majorité n'a pas lancé de campagne d'opinion ni exigé d'explication. Silence ! La liberté, la vie des seize prisonniers de Trelew ne valent pas un mot de travers. Ah ! s'ils étaient tchécoslovaques !

(La Rose au poing)

*

Sur l'Iran du Shah :
Il faisait bon à Persépolis où notre Premier ministre, son épouse et des centaines d'invités aussi distingués qu'éblouis, venus des quatre coins du monde, ont célébré mille ans d'Histoire. *Paris Match* a tiré d'admirables photos. Les choses ont été menées rondement. Personne n'a marché dans les flaques de sang.

(La Rose au poing)

*

À l'inauguration du conseil régional de Bourgogne :
Qu'on me laisse rire ! Les notables de la cuvée 74 sont à leurs ancêtres de 93 ce que le chambertin que j'achète dans mon quartier est à son devancier d'avant l'alchimie des vins algériens. On prétend qu'ils annoncent une révolution mais ils entrent au conseil régional comme ils iraient au Rotary.

(La Paille et le Grain)

*

Du professeur Georges Mathé, cette pensée (*Le Figaro*, 31 mai) : « Tout praticien docteur en médecine a prêté le serment d'Hippocrate : il est donc gardien de la vie comme le président de la République est gardien de la Constitution. » Ce professeur croit peut-être nous rassurer. Ah ! le beau style !

(La Paille et le Grain)

LA GAUCHE :
VERTUS ET DÉBATS

Le socialisme, la gauche

Figurez-vous que je suis socialiste. Chef de l'État, [...] si je ne le dis pas, on dit : c'est un opportuniste. Si je le dis, je suis un provocateur, un sectaire. Est-ce que vous connaissez une troisième manière de s'exprimer ?

(Mutzig, 23 novembre 1984)

*

J'ai été élu comme un président socialiste, désigné par le parti socialiste, sur le programme socialiste. Je ne m'en suis jamais repenti.

(Liévin, 19 novembre 1994)

*

Il n'y a pas de divergences de fond, je l'espère, sur l'identité du parti socialiste qui n'est ni l'enfant prodigue du marxisme-léninisme, ni la copie en rose du parti communiste, ni le ventre mou du gauchisme, ni l'alibi du réformisme, ni le bâton de vieillesse du capitalisme. [...]

(La Rose au poing)

*

La gauche a pour vocation d'exprimer ce qui est nouveau et ce qui est juste. Quand elle ne le fait pas, quelque chose ne va pas chez elle. Une gauche léthargique est en soi un non-sens.

(Ma part de vérité)

*

Le parti socialiste est un peu un jardin à l'anglaise. Pas toujours très ordonné, mais cela a son bon côté. Les idées y poussent.

(RMC, 6 février 1975)

*

Un socialisme en repos ira rejoindre les dieux morts.

(Ma part de vérité)

*

Les socialistes français sont les véritables héritiers de la Déclaration des droits de l'homme et du citoyen.

(La Rose au poing)

*

Le socialisme est encore aujourd'hui l'idée la plus neuve du monde.

(Ici et maintenant)

*

Le socialisme n'est pas un dogme ni une philosophie, moins encore une religion. C'est une méthode.

(Politique I)

*

La gauche n'a pas d'efficacité dans le déni d'elle-même. Sans morale politique elle est pire que la droite puisqu'elle trompe l'espérance.

(Ma part de vérité)

*

Si la gauche n'était pas obsédée par le sort réservé aux libertés, qui le serait ?

(Ma part de vérité)

*

Organiser la société pour libérer l'individu, je ne reconnais pas d'autre mission au socialisme. Pourtant le seul geste d'écrire le verbe organiser suffit à rendre suspecte cette entreprise.

(La Rose au poing)

*

Je devine ce qu'on m'opposera si la discussion s'oriente sur le socialisme chinois. Brisons là, s'il vous plaît. [...] Rassurons ceux qui s'inquiéteraient. Nous ne nationaliserons pas les cochons noirs que Mao Tsé-Toung a libérés !

(Ma part de vérité)

*

Le socialisme, c'est aussi et surtout l'élan, le mouvement collectif, la communion des hommes à la recherche de la justice. Quand ils l'auront conquise, croyez-moi, il leur restera beaucoup à faire !

(Ma part de vérité)

*

Il n'y a pas de loi du socialisme. Quant aux prophètes, ils pullulent.

(Ma part de vérité)

*

Si la preuve de l'existence d'un dieu tient à l'existence de ses prêtres, si cette preuve gagne en force et en évidence à mesure que s'accroît leur nombre, que s'aiguise leur intransigeance, que se multiplient leurs contradictions, le dieu du socialisme existe.

(Ma part de vérité)

*

Aux jeunes socialistes :
Vous êtes purs parce que vous n'avez pas eu l'occasion de ne pas l'être.

(Lille, Convention nationale du mouvement de la jeunesse socialiste, 13 décembre 1975)

*

Sur la prolifération des formations, clubs et courants socialistes :
Chacun porte le saint sacrement et délivre au reste du monde un incommunicable message. De leur prie-Dieu ils font une chapelle et de leur chapelle une église. Ils rêvent de communion universelle et ne supportent pas un voisin qui se mouche. D'où la prolifération de partis, de groupes, de cercles, de clubs qui, à la moindre occasion, se scindent en deux tronçons avant de se subdiviser à l'infini. C'est la pratique du ver de terre !

(La Rose au poing)

*

Le parti socialiste est le lieu de France où l'on discute le plus aisément et le plus librement : il m'arrive souvent de rappeler qu'à deux heures du matin, il est temps d'aller se coucher.

(Ici et maintenant)

*

La recherche du programme sert de diversion au goût immodéré de la gauche pour les tendances. Sa fonction est universelle et son tempérament fractionnel, mais le tempérament prend trop souvent le pas sur la fonction.

(Ma part de vérité)

*

Le congrès est la pâque des socialistes. C'est là qu'on ressuscite tous les deux ans.

(La Paille et le Grain)

*

Sur une éventuelle scission au sein du parti socialiste après le congrès de 1973 :
Un plant robuste n'a pas à craindre qu'on le taille. C'est l'affaire de bonne saison. Mais il faut l'œil du jardinier.

(La Paille et le Grain)

*

À la veille du congrès de Grenoble, 1973 :
On imprime à la hâte le texte des motions qui départageront saint Jean et saint Thomas. Il en est qui obéissent aux commandements du cœur. Il en est qui ont besoin de toucher du doigt pour se prouver que le parti socialiste existe bien. Les uns sont le sel, les autres le sucre : les premiers sont nécessaires, on ne se passerait pas des seconds.

(La Paille et le Grain)

*

Sur la gauche des intellectuels :
Quand la gauche qui se dit nouvelle ouvre la bouche c'est ordinairement pour délivrer un pathos plus indigeste encore que la soupe à la citrouille de mon enfance. Cette gauche-là n'est pas avare de recettes. Elle pratique la dévotion des chaisières qui ne laissent à personne le soin d'allumer les cierges. Elle affiche la superbe d'un général Lebeuf assuré de gagner sa guerre s'il a son content de boutons de guêtres. Et du haut de sa certitude elle lance l'anathème.

(Ma part de vérité)

La gauche et la droite

– *Qu'est-ce qui différencie la droite de la gauche aujourd'hui ?*
– Ce sont ordinairement les gens de droite qui posent cette question.

(*Le Nouvel Observateur*, 6 mai 1994)

*

– *On a reproché à la gauche de s'enfermer dans ses immortels principes, de n'être pas apte à traiter des problèmes modernes...*
– Je ne vois pas ce que vous voulez dire. La droite n'ayant pas de principes ne court pas le risque de les oublier. La gauche a des principes, il est normal qu'elle les invoque.

(*Ma part de vérité*)

*

Dix à douze ans de pouvoir de la gauche, la France n'avait jamais connu cela. [...] La droite trouve toujours le temps très long quand elle est écartée du pouvoir.

(*Vendredi-Hebdo*, 21 janvier 1993)

*

L'opinion des partis de droite sur les socialistes :
[ils s'imaginent] que ce sont des gens qui ont quelquefois des idées, quelquefois de la générosité, mais pas de bon sens, qui ne connaissent rien à rien, qui ne savent pas faire 1 et 1 font 2... Et dès lors qu'ils s'aperçoivent que les socialistes savent dire : 1 et 1 font 2, dès qu'ils s'aperçoivent que les socialistes font mieux dans la lutte contre l'inflation, pour le commerce extérieur, dans beaucoup d'autres domaines encore... alors, ils disent : « Ah, eh bien alors, les socialistes sont en train de trahir leur idéal ! »

(Europe 1, 9 décembre 1985)

*

Le soir de la réélection de F. Mitterrand à la présidence de la République, Edwige Avice congratule le vainqueur :
– *Toutes mes félicitations ! Bravo pour cette médaille d'or !*
– Ce n'était qu'une compétition locale.

(*Le Canard enchaîné*, 11 mai 1988)

*

À la suite du changement de majorité de 1988 :
Je suis plus porté à donner des fleurs au gouvernement actuel que je ne l'étais l'année dernière...

(TF1, 14 juillet 1988)

*

Sur les critiques envers la politique de relance de 1981 :
Nous n'avions pas été élus pour répondre aux espérances du *Figaro*.

(Pierre Favier et Michel Martin-Rolland, *La Décennie Mitterrand*)

*

À la suite des législatives de 1988 :
On s'est interrogé sur le point de savoir qui a gagné... Eh bien ! Il y avait une majorité de droite, il y a aujourd'hui une majorité de gauche ! Il y avait un gouvernement de droite, il y a aujourd'hui un gouvernement de gauche ! [...] Je suis encore là ! Je ne sais pas finalement qui a gagné, mais, comme disait l'autre... je sais qui a perdu !

(TF1, 14 juillet 1988)

*

Sur les nominations socialistes après mai 1981 :
Il n'y aura pas de chasse aux sorcières mais il ne faudrait pas que les sorcières nous chassent.

(Conférence de presse, 24 septembre 1981)

*

À l'Élysée en 1994 :
Vous avez lu que Philippe Tesson me compare à Louis XVI après Varennes. Mais je n'ai pas l'intention de m'évader !

(Cité par Laure Adler dans *L'Année des adieux*)

*

Sur les ralliements des personnalités à Chirac en 1995 :
Ceux qui soutiennent Chirac n'ont jamais été socialistes. On ne peut donc pas dire qu'ils aient changé de camp.

(Cité par Laure Adler dans *L'Année des adieux*)

*

À la veille des élections présidentielles de 1995 :
Élisez qui vous voulez, mais plutôt un socialiste ! Cela vaudrait mieux que le contraire !

(Liévin, 19 novembre 1994)

La gauche et ses débats

Quand il y a un problème, les socialistes se demandent toujours non pas quelle est la réponse juste, mais quelle est celle qui les arrange. En général, ce n'est pas la bonne.

(*Le Canard enchaîné,* 30 juillet 1988)

*

Sur l'embourgeoisement des hommes politiques de gauche :
Ils renient leur classe d'origine, ils aspirent à avoir de l'argent ; ce sont des métis pas bien dans leur peau.

(Cité par Laure Adler dans *L'Année des adieux*)

*

Force m'est de constater qu'aujourd'hui, au sein du PS, une forte fraction rêve de me détruire, tandis que l'autre rêve de m'utiliser. Les plus sympathiques sont encore ceux qui font semblant de m'ignorer.

(*Le Canard enchaîné,* 16 octobre 1991)

*

À propos de la composition du groupe parlementaire socialiste :
Il y a trop de professeurs qui ignorent tout de la vie réelle. [...] Un épicier élu député n'oublie jamais qu'un franc est un franc, tandis qu'eux ont toujours vécu sans se poser ce type de question.

(*Le Canard enchaîné,* 2 septembre 1981)

*

25 % seulement de nos ministres sont à la hauteur de leur charge. Contre 20 % sous Giscard ; il y a donc du mieux !

(*Le Canard enchaîné,* 2 septembre 1981)

*

À la suite de l'évolution des rapports de force entre PC et PS au sein de l'Union de la gauche en 1980 :
Ai-je assez entendu autour de moi, ai-je assez lu dans la presse cette question : que va devenir ce parti faible, le PS, face à ce parti fort, le PC ? La preuve est faite qu'on se trompait, pour le moins, d'adjectifs.

(Ici et maintenant)

*

Il y a deux façons de saboter le droit de grève. En le réglementant comme le veut la droite. En l'utilisant à tort et à travers comme le fait le parti communiste.

(Ici et maintenant)

*

– *L'autogestion, puisque vous avez prononcé ce mot, le parti communiste en fait aussi l'un de ses thèmes favoris.*
– C'est une blague. Il a fallu batailler ferme en 1972 pour que le PS puisse inscrire ce vocable dans le programme commun. [...] Autogestion ! Georges Marchais nous regardait, nous et notre autogestion, d'un œil d'exorciseur devant le possédé. *Vade retro, Satanas.* D'ailleurs, Marchais croit au démon. Alors, maintenant, quand je lis les affiches communistes avec autogestion, promis, juré, en lettres majuscules, je pense à ce griot qui s'habillait en chèvre pour mener son troupeau.

(Ici et maintenant)

*

Sur le projet de programme commun 1969 :
On peut mettre en doute la sincérité des intentions communistes. Mais fonder une stratégie politique sur les intentions que l'on prête aux autres n'a pas de sens. L'important est de créer les conditions qui font que les autres agissent comme s'ils étaient sincères.

(Ma part de vérité)

*

Lorsque dans mon département nous avons fait une liste unique au premier tour dans une ville de plus de 30 000 habitants, avec le parti communiste – c'est une confidence que la presse ne répétera pas –, nous avons failli nous brouiller. Pourquoi ? ... Oh, pour un détail : ils voulaient tout.

(Épinay, 11 juin 1971, cité dans *Politique*)

*

– *Comment jugez-vous l'effort culturel du parti communiste ?*
– *Au pays du mensonge déconcertant.* Tel était le titre du livre retentissant publié par le dirigeant communiste yougoslave Anton Ciliga à son retour d'URSS en 1932.

(Ici et maintenant)

*

Les élections législatives de 1951 ayant démontré qu'au lieu d'un communiste sur trois Français, il n'y en avait plus qu'un sur quatre, du coup, les trois autres se sentirent plus à l'aise.

(VIe congrès de l'UDSR, Clermont-Ferrand, octobre 1952)

*

Sur le dogmatisme des communistes :
Le stalinisme serait-il comme cette maladie qu'on appelle le paludisme : on s'en croit guéri et cela revient de temps à autre ?

(Convention nationale PS, 5 novembre 1977)

*

Le communisme, faible dans les pays occidentaux dominés par le protestantisme, est puissant dans les pays latins d'imprégnation catholique. [...] Comment ne pas croire à la permanence de la tradition dogmatique face au libre examen ?

(La Rose au poing)

*

Sur les ministres communistes lors d'un banquet à San Francisco :
Ils ne sont pas plus bêtes que les autres. Les quatre ministres communistes du gouvernement sont allés à l'école. Ils ont réfléchi. Leur QI est comparable à la moyenne de cette assemblée.

(26 mars 1984)

*

Apprécions cet honneur : le parti communiste n'est intransigeant qu'avec nous.

(L'Abeille et l'Architecte)

*

« Qui aime bien châtie bien », Georges Marchais nous aime trop.

(L'Abeille et l'Architecte)

*

Ma grande chance historique, c'est l'incroyable médiocrité intellectuelle des dirigeants communistes. Regardez-les : Marchais, Plissonnier, Laurent et les autres. Il n'y en a pas un pour racheter l'autre. On peut les manipuler comme on veut. Ils sont tous plus bêtes les uns que les autres. Toutes leurs réactions sont prévisibles. Ils sont programmés.

(Cité par Franz-Olivier Giesbert, entretien 25 avril 1976, *François Mitterrand, une vie*)

*

Quand on voit ce qui se passe à l'Est, on a envie de proposer des échanges. Je leur enverrais bien Marchais. Marchais contre Jaruzelski. Je suis sûr que beaucoup de communistes français m'en rendraient grâce.

(*Le Canard enchaîné*, 10 janvier 1990)

*

Les écologistes : ces visiteurs du soir, qui découvrent que la terre est ronde avec de l'eau dedans, dessus, de l'air autour et qu'elle est habitée par d'autres vivants que les hommes. Les voici qui dressent à tous les carrefours des panneaux menaçants : « la nature est à moi. » Je n'aime pas qu'on m'interdise.

(Ici et maintenant)

*

L'écologie sans poésie serait ce qu'est à l'oasis le palmier en fer de Djibouti.

(Ici et maintenant)

*

Je sais au nez d'où vient le vent. J'ai les poumons écologiques.

(Ici et maintenant)

*

Les écologistes disent d'énormes bêtises, mais ils ont un terrain légitime. Leurs électeurs sont plutôt à gauche, les dirigeants plutôt à droite.

(À des parlementaires socialistes, 20 décembre 1991)

*

L'écologiste qui prétend ne pas prendre parti entre la gauche et la droite, choisit la droite. Il se comporte, objectivement, comme un agent du pouvoir établi. Il a beau criailler, il vote nucléaire.

(Ici et maintenant)

*

Sur les multiples propositions des écologistes :
On ne peut pas nous demander de renoncer à la fois à l'énergie nucléaire et à l'énergie hydraulique. À moins peut-être qu'on ne trouve admirable le travail des mineurs et l'utilisation des enfants de moins de dix ans pour ramper dans les boyaux ?

(Cité par Jacques Attali, *Verbatim III, 1988-1991*)

LES GRANDS ÉVÉNEMENTS

– *Avez-vous entendu l'appel du 18 juin 1940 ?*
– Retrouver des gens qui ont entendu cet appel relève aujourd'hui de l'archéologie, à moins que ce ne soit de la paléontologie.

(Mémoires interrompus)

*

La guerre est venue. Le fonctionnaire qu'on appelait officier eut l'occasion de faire ses preuves. Il les fit si bien qu'en 1940 il eut vite fait d'aller de Sedan à Biarritz. Le voyage rapide eut au moins l'avantage de lui faire saisir l'utilité de la motorisation.

(*Libres*, 22 juin 1945)

*

Vichy fut la récompense amère de tous ceux qui, pour avoir refusé la grandeur, devaient être les premières victimes des exactions de la bassesse.

(*Libres*, 18 juillet 1945)

*

Vichy :

Pour la petite histoire, on a tendance à l'oublier, un seul homme dans la haute fonction publique appelé à prêter serment s'y est refusé. C'était un magistrat de l'ordre judiciaire du nom de Didier. Cherchez les autres parmi les barons de la Ve République, donneurs de leçons, toujours prêts à manger le drapeau jusqu'à la hampe, figés dans un garde-à-vous qui m'a toujours fait rire sachant ce qu'ils étaient. Ah ! les honnêtes gens.

(*Mémoires interrompus*)

*

La Libération de Paris :

– *Que représentait cette victoire pour vous ? La liberté ? Le retour des choses ? [...] Le Bonheur ?*

– Un bonheur, non pas le bonheur. Ce jour-là, j'avais peut-être mal aux dents.

(*Mémoire à deux voix*)

*

Sur les désordres politiques de la Libération :

Les communistes, les socialistes et certains groupes de la Résistance s'inquiètent de plus en plus de ce qu'ils appellent en sourdine « la dictature qui se prépare ». Une chambre souveraine en face ou plutôt au-dessus du gouvernement apaiserait leurs craintes. Certains pensent même qu'entre deux dictatures ils préféreraient la leur. Ce qui se conçoit assez bien.

(*Libres*, 27 juin 1945)

*

Mai 68, c'était la révolte de jeunes bourgeois catholiques contre l'hypocrisie de leurs parents. Ces bourgeois catholiques qui se sont mis à parler marxiste n'étaient pas à l'aise avec eux-mêmes.

(Mémoires interrompus)

*

Sur ses rapports avec les enragés de 1968 :
Le régime et moi appartenions à la même tranche d'histoire. Il était là, j'étais là, c'était trop. Ceux qui voulaient passer à la suite sans de Gaulle voulaient passer à la suite sans moi. Puisque je n'avais pas fait sauter l'Élysée à la dynamite, j'étais complice de l'Élysée. Si mes censeurs ont confondu violence et intransigeance, s'ils ont cru que la violence verbale avait un fil plus tranchant que mon intransigeance, je ne leur en veux pas. Où sont-ils maintenant ?

(Ma part de vérité)

*

Sur 1968 :
Jouer 1848 un demi-siècle après Lénine n'était pas une preuve sublime de maturité.

(Ma part de vérité)

*

Mai 1968 :
On a parlé d'un malentendu entre ces derniers et moi-même. Mais il ne s'agissait pas d'un malentendu pour la simple raison qu'il me suffisait de les écouter parler pour distinguer d'où ils venaient et ce qu'ils incarnaient. Finalement, c'était de la graine de notaire. Je les imaginais à quarante-cinq ans avec des bésicles. Et j'en voyais la dérision.

(Mémoires interrompus)

*

À la suite de l'assassinat de Pierre Overney :
Il refuse la société qui le refuse, ou vice versa. Incompatibilité d'humeur absolue. Verdict : la mort. [...] René Pierre Overney voulait à sa manière changer la vie. Pour lui, c'est fait.

(La Paille et le Grain)

*

Les meneurs n'avaient rien à dire ou pas grand-chose. C'est pourquoi ils ont éculé le formulaire marxiste, freudien et structuraliste dont ils n'ont extrait qu'un charabia pâteux. Quel abîme entre la merveilleuse floraison murale et le galimatias des meetings ! Ici des perroquets ennuyeux, là des poètes-philosophes avec au bout des doigts des crayons de couleur à la sagesse ailée.

(Ma part de vérité)

*

Mai 1968 :
Distinguer dans l'apothéose du sexe, l'exaltation du débraillé et la perversion du vandalisme le besoin d'une ascèse relève d'une extrapolation abusive.

(Ma part de vérité)

*

Cohn-Bendit, Sauvageot, Geismar, garçons de moins de trente ans, mimaient leurs anciens du Front populaire à ceci près que ces derniers savaient *l'Internationale* au-delà du premier couplet. Il est assez comique (ou triste selon l'idée qu'on s'en fait) que pour autant de jeunes, affirmer sa personnalité, se libérer de la société des adultes, consiste tout bonnement à les imiter le plus tôt possible.

(Ma part de vérité)

*

68 n'est pas une révolution. C'est une singerie de révolution. Il ne s'est rien passé.

(Cité par Laure Adler dans *L'Année des adieux*)

*

1968 :
Rêve plus évolution ne font pas la révolution.

(Ma part de vérité)

*

Sur la répression d'après Mai 1968 :
Je ne me sens pas l'envie d'envoyer l'ange de *Théorème* devant le tribunal pour enfants.

(Ma part de vérité)

*

Sur la déclaration à la candidature au poste présidentiel en 1968 :
J'ai forcé la chance en croyant que le temps serait mon ami. Il le fut mais pas jusqu'au bout, ce qui est assez dans sa manière.

(Ma part de vérité)

*

Sur l'éventuelle vacance du pouvoir en 1968 :
On a prétendu que la télévision n'avait pas pu filmer ma conférence de presse – ce qui était faux puisqu'ils ont pu en diffuser des extraits grossièrement montés de façon à me présenter de la manière la plus antipathique, les bras levés, photographié par-dessus, à la manière de Mussolini, barbe mal rafraîchie, je me serais fait peur à moi-même.

(Mémoires interrompus)

*

Avant l'élection présidentielle de 1981 :
– Quelle peut être l'inconnue de la prochaine élection ?
– L'inconnue a pour fonction de n'être pas connue.

(Ici et maintenant)

*

À la veille de sa troisième candidature, en 1981, à l'élection présidentielle :
Je n'ai réussi mon évasion que la troisième fois.

(Rapporté par Catherine Nay, *Le Noir et le Rouge*)

*

– Sur le plan national, quel est l'événement politique le plus notable des années 80 en France ?
– Je ne sais pas. Cherchons... Peut-être mon élection de 1981 ?

(*Paris Match*, 23 novembre 1989)

L'EUROPE, LE MONDE

L'Europe

– *Si on devait dans le Mallet Isaac dire : Mitterrand l'Européen ou Mitterrand le socialiste, qu'est-ce que vous aimeriez le mieux ?*
– Si on disait les deux, on verrait juste. Je suis européen parce que socialiste.

(France Inter, 22 octobre 1991)

*

L'Europe est l'intérêt de nos patries ; elle ne les dissout pas, elle les épanouit.

(Entretien *La Dépêche du Midi*, 20 octobre 1994)

*

L'Europe se fera. Ma politique, c'est le plus vite possible.

(À Mikhaïl Gorbatchev, Latché, 30 octobre 1991)

*

L'Europe supranationale, il faut y penser toujours et n'en parler jamais.

(Cité par Franz-Olivier Giesbert, *François Mitterrand, une vie*)

*

À Henri Emmanuelli plaidant pour une Europe fédérale :
Vous êtes un affreux idéaliste : vous parlez d'une époque où vos ossements seront difficiles à retrouver !

(Rapporté par Sylvie Pierre-Brossolette, 9 novembre 1994, *Paroles de Présidents*)

*

J'ai longtemps défendu l'argument selon lequel mieux valait une petite Europe à fortes structures qu'une grande Europe au corps mou.

(*L'Unité*, 27 mai 1977)

*

Si l'Europe est malade, c'est d'inconscience. Elle n'a pas conscience de sa force réelle et potentielle dans le monde.

(Entretien *Le Monde*, 26 novembre 1982)

*

– *Parmi les arguments de vos opposants sur ce dossier européen, quels sont ceux que vous pouvez comprendre et ceux que vous ne pouvez admettre ?*
– Je n'admets pas les raisons de ceux qui sont contre tout parce qu'ils ont peur de tout.

(Entretien avec Guillaume Durand)

*

On dit l'Ouest, on dit l'Est, parce que ce sont des points cardinaux et parce que c'est notre habitude, mais je rêve du moment où dépassant cette distinction, nous dirons tout simplement l'Europe.

(Francfort, 22 février 1994)

*

L'Europe et ses frontières de circonstances... Si l'histoire est multiple, la géographie est une.

(*Libération*, 23 mars 1988)

*

Nous avons eu, comme ennemis héréditaires, à peu près tous les peuples de l'Europe de l'Ouest. Simplement, l'hérédité changeait une fois par siècle.

(Inauguration de l'Institut culturel français, Prague, 9 décembre 1993)

*

Quand il y avait deux puissances mondiales, nous n'en étions pas. Il n'y en a plus qu'une. Voulons-nous être l'autre ? Unie, l'Europe a pour elle tous les atouts.

(Entretien avec Guillaume Durand)

*

Le projet de grande Europe a inquiété nos amis américains. Mais on ne m'en voudra pas si je remarque que les géographes ont classé la planète en cinq continents.

(*L'Expansion*, octobre 1991)

*

Sur l'Europe :
Une Française : – Vous voulez une union, et déjà il n'y a pas cohésion au départ !
F. Mitterrand : – Madame, comment cela se passe chez vous ? [rires] [...] Dans un foyer ou dans un couple, on y arrive quand même.

(*Aujourd'hui l'Europe*, TF1, 3 septembre 1992)

*

Sur les Britanniques :
Lorsqu'ils voient que le train de l'Europe part et qu'ils risquent de rester sur le quai de la gare, ils sautent dans le dernier wagon. Et on les retrouve vite, grâce à leur génie particulier, dans la locomotive.

(Entretien avec Guillaume Durand)

*

– *L'Europe allemande ne vous fait pas peur ?*
– Est-ce que vous croyez que l'Allemagne aura disparu s'il n'y a pas d'Europe ?

(France Inter, 22 octobre 1991)

*

L'utile sans l'agréable serait superbe. L'agréable sans l'utile pourrait paraître futile. Les deux à la fois sont désirables. C'est sur cette base-là qu'il faut considérer l'amitié franco-allemande.

(24 avril 1986, cité par Jacques Attali, *Verbatim II, 1986-1988*)

Le monde

Sur les colonies :
J'avais beaucoup voyagé en avion d'un territoire à l'autre, mais j'avais rencontré des responsables qui pensaient comme au temps où l'on mettait trois mois pour rejoindre son poste et trois ans pour en revenir.

(Ma part de vérité)

*

Sur la politique libérale des Anglais à l'égard des colonies :
Si nous étions en mesure d'avoir une telle audace, je pense qu'elle s'appellerait prudence.

(*JO*, Assemblée nationale, 6 janvier 1953)

*

Sur les colonies :
Cette patrie n'était pas la nôtre ; notre patrie était si peu la leur. D'où l'atroce malentendu.

(Ma part de vérité)

*

Les diverses races englobées dans nos colonies ont chacune leur orgueil et leurs traditions. Nos leçons les blessent. Notre fameux Progrès excite leur ironie. Pourquoi échangeraient-ils leurs dattes et leurs bourricots contre la fumée de nos usines ? À chacun son plaisir.

(Revue *Libres*, 24 juin 1945)

*

À Louis Joxe, ministre des Affaires algériennes en 1961 :
Je vous accuse de faire la guerre tout juste assez pour ne pas la gagner et la paix tout juste assez pour ne pas la conclure.

(Sénat, 25 novembre 1961)

*

Sur la décolonisation :
Un homme a un début d'infection au pied à la suite d'un accident. Un médecin lui dit : « *Je suis obligé de vous couper le pied. – Comment !* lui répond le patient, *mais je me porte bien. Je suis venu voir un médecin, pas un boucher. Adieu !* » Et notre homme de se retourner vers des professeurs ou des rebouteux, je ne sais. Il tient le coup pendant quelques années sans qu'on lui coupe le pied. Naturellement, il dit : « *Ce médecin-là, je le retiens !* » Telle était notre situation, à Mendès France et à moi, devant le mal d'Algérie. Puis voilà qu'apparaît la gangrène. De Gaulle arrive, il hésite trois ans et finit par couper la jambe. Et tout le monde de proclamer : « *Sans de Gaulle, il était mort.* » Oui, mais on lui avait coupé la jambe tandis que nous l'aurions sauvé à moindre frais.

(Politique II)

*

– On vous a longtemps reproché la phrase : « L'Algérie, c'est la France. » Que signifiait-elle à l'époque ?
– C'était légalement juste puisque l'Algérie était composée de trois départements français. C'était politiquement erroné.

(Mémoires interrompus)

*

Sur l'Algérie :

On ne peut pas être démocrate chez soi et contester à un autre peuple le soin de décider lui-même de son destin.

(*Le Nouvel Observateur*, le 6 mai 1994)

*

La décolonisation :

Sont-ce les pays sous-développés qui imitent la France en se votant des constitutions d'apparence démocratique ou la France qui les imite en pratiquant la réalité d'un régime autocratique ?

(*Le Coup d'État permanent*)

*

Il y a deux sortes d'ambassadeurs. Il y a l'ambassadeur classique, qui vient dans son uniforme, et puis il y en a quelques-uns qui sont originaux, et capables de penser par eux-mêmes. Ils sont plus durs à trouver.

(Au téléphone avec John Major, 5 février 1991, cité par M. Martin-Rolland, *La Décenie Mitterrand*)

*

Les relations avec la Syrie ne sont pas empreintes de la plus grande chaleur. Est-ce que c'est une façon suffisamment diplomatique de s'exprimer ?

(Palais de l'Élysée, 18 mai 1989)

*

À la suite de la prise de pouvoir de Khomeiny :
La critique que j'oppose à l'expérience Khomeiny est qu'elle n'a pas d'issue. On ne ramène pas un peuple épris de l'avenir quatorze siècles en arrière, même si ce passé justifie le futur. Khomeiny et les mollahs se trompent de révolution. Un grain de sable dans l'urètre de Cromwell et en voilà fini pour longtemps.

(Ici et maintenant)

*

Sur les réactions américaines à l'invasion de l'Afghanistan :
Hier, un grand journaliste, dans un important journal du soir, rappelait à peu près en ces termes le mot de Théodore Roosevelt : « Prenez un gros bâton, et parlez à voix douce. » Or, dans les situations internationales difficiles, j'ai le sentiment que l'on agit à Washington exactement en sens inverse.

(Assemblée nationale, 17 avril 1980)

*

L'histoire passe par les mêmes chemins que la géographie.

(TF1, octobre 1989)

*

– Depuis trois ans, vous êtes un petit peu réduit au rôle de spectateur, depuis la fin de la guerre du Golfe.
– Si j'étais spectateur, vous ne viendriez pas m'interroger !

(TF1, France 2, 10 mai 1994)

*

À la suite des émeutes de Gdansk :
Ah ! si l'on pouvait contenir, cantonner, enfermer dans une réserve interdite aux visiteurs du dehors les grands mouvements de l'Histoire ! Réduire à un folklore la révolte de Gdansk ! Mais voilà, la liberté est contagieuse. Et si les ouvriers allemands d'à côté, par exemple, commençaient à bouger ? Ils ont des souvenirs, après tout.

(Ici et maintenant)

*

Je n'ai pas du tout à m'excuser d'avoir reçu le général Jaruzelski. Je l'ai fait en pleine conscience. Qu'est-ce que vous croyez ? Que je vais me cacher sous la table, parce que j'agis ainsi ?

(Europe 1, 9 décembre 1985)

*

Je suis gallican par rapport au Pape. Laissez-moi l'être par rapport à Israël.

(Devant le CRIF, 11 mai 1989)

*

L'embrouille durera tant qu'Israël dira « jamais » à l'existence d'un État palestinien et l'OLP « jamais » à l'existence d'Israël. Nous devons faire la sourde oreille au rappel insistant de ces pétitions de principe et traiter la réalité en médecins de campagne.

(*Ici et maintenant*)

*

Sur Israël :
Tant d'histoire(s) pour si peu de géographie !

(Rapporté par Sylvie Pierre-Brossolette, 22 mars 1985, *Paroles de Présidents*)

*

Le concert des nations a ordonné à Israël la restitution *de* (texte anglais) ou *des* (texte français) territoire(s) conquis lors de la guerre des six jours. *De* ou *des* ? Voici que le dictionnaire est entré dans l'arsenal des tragédies mondiales. Hélas ! La guerre ne se paie pas de mots.

(*Mitterrand par Mitterrand*)

*

Je ne vois pas les États-Unis renoncer de sitôt à leur présence universelle ni retourner à l'isolement. Sauf s'ils aspirent à devenir une autre Suisse.

(L'Abeille et l'Architecte)

*

Les Américains sont prêts à vous prendre tout, quitte à vous en redonner un petit peu pour que vous puissiez leur payer à dîner.

(Conseil des ministres, 11 mai 1983)

*

Quand les États-Unis et l'URSS s'accordent, leurs alliés comptent peu. Quand ils ne s'accordent pas, c'est pire.

(Ici et maintenant)

*

À Andreï Gromyko au cours de la conversation sur le désarmement :
En fait, la chaleur de nos relations recule dans la mesure où les SS 20 avancent...

(Cité par Jacques Attali, *Verbatim I, 1983-1986*)

*

Au terme des mêmes conversations, F. Mitterrand présente le livre d'or de l'Élysée à Andreï Gromyko :

Vous pouvez signer en confiance, il n'y a pas de traité caché dessous.

(Cité par Jacques Attali, *Verbatim I, 1983-1986*)

*

Je suis moi aussi contre les euromissiles, seulement je constate que les pacifistes sont à l'Ouest et les euromissiles sont à l'Est.

(Bruxelles, octobre 1983)

*

La volonté de paix se démontre autrement que par un surarmement forcené !

(Ici et maintenant)

*

Finalement Yalta était bien confortable. On connaît des prisonniers dans leur cellule qui se trouvent tout embarrassés de se retrouver dehors.

(Conseil des ministres, 31 janvier 1990)

*

La sécurité sur le thème « à chacun sa bombe atomique » annonce la guerre certaine et la mort pour tous, le vainqueur étant celui qui meurt un quart d'heure après l'autre.

(Ma part de vérité)

*

Je serais tout à fait hostile à l'armement nucléaire si les autres n'en avaient pas.

(TF1, 31 mars 1988)

PENSÉES PHILOSOPHIQUES

Si j'aime ceux qui se posent des questions, je me méfie de ceux qui trouvent.

(L'Abeille et l'Architecte)

*

Être d'accord avec soi-même, je ne connais pas meilleur bulletin de santé !

(Ici et maintenant)

*

Si vous cherchez une explication du monde, il y a de fortes chances pour que vous mouriez insatisfait.

(Mémoire à deux voix)

*

La vie n'est jamais facile, celle du moins qui m'intéresse. [...] La grâce, quel effort !

(L'Abeille et l'Architecte)

*

On n'apprend rien par la parole, mais tout par l'exemple.

(Mitterrand par Mitterrand)

*

L'intelligence ? C'est la chose du monde la mieux partagée. La volonté, ça, c'est plus rare.

(Cité par Jacques Attali, *Verbatim II, 1986-1988*)

*

Le courage consiste à dominer sa peur, non pas à ne pas avoir peur.

(Mémoire à deux voix)

*

La pire erreur n'est pas dans l'échec mais dans l'incapacité de dominer l'échec.

(Ma part de vérité)

*

Chacun peut partir à la recherche de soi-même, découvrir ses raisons de vivre ou, s'il n'y en a pas, apprendre à le savoir. L'échec n'est pas d'arriver nulle part, mais de n'avoir pas essayé.

(Ma part de vérité)

*

Le meilleur moyen de tuer ou de dessécher un sentiment vif est de l'analyser et de l'examiner.

(Revue *Montalembert,* janvier 1938)

*

À vouloir examiner la vie, on la tue, la décomposition de son mouvement l'arrête, le commentaire de son domaine épuise son objet.

(« Les Géants fragiles », revue *Montalembert,* janvier 1937)

*

Celui qui trouve son unité est bien près d'atteindre à l'unité du monde.

(L'Abeille et l'Architecte)

*

Dans la vie, il faut essayer d'aménager les cycles qui vont de la lassitude à l'enthousiasme.

(*Actuel,* décembre 1987)

*

Se lamenter sur les bonheurs passés et les modes du temps jadis n'est pas mon fort. J'y vois même une incapacité de vivre comme il faut vivre, avec appétit et l'amour de ce qui sera.

(*L'Abeille et l'Architecte*)

*

Ou l'on vit dans le monde ou l'on vit hors de lui. Si l'on ne le rejette pas, il faut savoir l'accepter. Il faut vouloir le conquérir.

(Lettre à sa sœur, citée par Pierre Péan, *Une jeunesse française*, 4 décembre 1938)

*

On dit « c'est humain »... comme on glisserait une sucrerie dans la bouche d'un enfant. Mais c'est humain, très humain aussi, de tuer, de violer, de piller.

(Entretien *Le Matin*, 10 octobre 1978)

*

Qui a peur de son ombre attend midi pour se lever. Pendant ce temps, les autres courent.

(*L'Abeille et l'Architecte*)

*

L'état idéal à partir duquel on ne s'enrhume pas, on ne tousse pas, on n'a pas de fièvre, à partir duquel on n'a pas d'ennuis sentimentaux, où on ne tombe pas de cheval, où on n'a pas d'accident automobile, l'état idéal dans lequel il ne vous arrive jamais d'ennuis, où la monnaie ne baisse pas, où il n'y a pas de dévaluation en vue, c'est la mort. [...] Je souhaite donc développer la thèse selon laquelle il faut prendre des risques qui sont ceux de la vie.

(Allocution à la chambre de commerce de Hambourg, 14 mai 1982)

*

Je suis un partisan d'Épictète : ce sur quoi je peux agir, j'agis. Ce sur quoi je ne peux pas agir, je n'agis pas. Permettez-moi de trouver cela plus efficace que de lutter contre les moulins à vent.

(Cité par Jacques Attali, *Verbatim II, 1986-1988*)

*

Dès qu'on a fait un choix, on rêve aux délices qu'on éprouverait à ne pas l'avoir fait...

(Cité par Jacques Attali, *Verbatim I, 1983-1986*)

*

Pour dire oui, il faut pouvoir dire non. Que signifie un oui qui ne supporte pas le non ? C'est un oui dans la contrainte.

(PS, congrès de Dijon, 15 mai 1976)

*

« Non », c'est un petit mot qu'on peut employer quelquefois. Il ne faut pas en faire son menu quotidien, la vie serait impossible, y compris chez soi. Mais « non », cela a un sens, non ?

(Europe 1, Antenne 2, 10 décembre 1989)

*

– *Quelle place accordez-vous au silence ?*
– C'est un bon auxiliaire, nécessaire au-dedans de soi, secondaire à l'extérieur de soi.

(Mémoire à deux voix)

*

La liberté n'est peut-être, en fin de compte, pour chacun, que la simple possession du silence.

(Les Prisonniers de guerre devant la politique)

*

Les idées mûrissent comme les fruits et les hommes. Il faut qu'on laisse le temps au temps. Personne ne passe du jour au lendemain des semailles aux récoltes, et l'échelle de l'Histoire n'est pas celle des gazettes. Mais, après la patience, arrive le printemps.

(*Le Point*, 2 mai 1981)

*

Je me méfie des hommes trop pressés, et je me méfie de ceux qui utilisent les grands moyens pour de petites choses.

(*Le Canard enchaîné*, 10 janvier 1990)

*

Les gens pressés montrent une faiblesse.

(TF1, 25 mars 1990)

*

Pour qui reste maître de soi, il n'y a pas de temps perdu.

(*Le Coup d'État permanent*)

*

Je pense toujours aux villages d'autrefois où l'on savait reconnaître les hommes parce qu'on les connaissait. Je suis frappé par la disparition de l'homme qui disait juste. Il n'était ni le plus roublard, ni le plus intelligent, ni le plus agité, mais on l'écoutait. Voilà le genre d'hommes qui nous manquent aujourd'hui.

(*Actuel*, décembre 1987)

*

L'argent corrompt. Le goût de la possession me paraît très redoutable et finalement très méprisable. Je crois que le siècle que nous vivons, qui a fait de l'usure et de l'intérêt de l'argent un dieu moderne, est [celui d'] une société perdue.

(TF1, 1976)

*

Sur le travail au noir :

Celui qui agit par des moyens illégaux me plaît plus que celui qui ne veut rien faire. La philosophie de la vie victorieuse, c'est l'effort.

(*Globe*, 13 mars 1986)

*

Quand la discipline est agréable, on ne voit pas pourquoi on la rejetterait...

(*VSD*, 20 janvier 1988)

*

L'habitude, ce confort mortel.

(Mitterrand par Mitterrand)

*

Il est quelquefois bon d'être pessimiste, cela évite un sommeil prolongé.

(Conférence de presse à l'issue de la conférence sur la sécurité et la coopération en Europe, Paris, 21 novembre 1990)

*

Il ne faut pas changer, les gens n'aiment pas qu'on change ou alors il faut que le changement soit devenu une habitude.

(Voyage en Chine, 15 février 1981)

*

Le Mal ne s'incarne qu'exceptionnellement dans un homme, pas plus que le Bien, d'ailleurs. Les monstres sont aussi rares que les saints.

(Mémoire à deux voix)

*

Je crois pouvoir dire que toute œuvre [...] artistique, esthétique, philosophique, pratique, politique, toute œuvre est inachevée. C'est dire aussi qu'elle reste en dessous de l'espérance.

(Entretien TF1, France 2, 10 mai 1994)

*

Le moment difficile de toute vie qui se veut ambitieuse est celui où s'inscrit le signe sur le mur qui vous apprend que l'on commence à s'imiter soi-même.

(Ici et maintenant)

*

Je ne suis pas un théoricien, et j'essaie de comprendre en moi-même ce que je pense. Ce n'est pas toujours facile. Qui n'est pas pris dans ses propres contradictions ? Qui est d'un bloc, ici ? Il y en a peut-être... J'allais dire, je les plains.

(Épinay, 11 juin 1971, cité dans *Politique I*)

*

La clarté est la forme la plus difficile du courage.

(Cité par Patrice de Méritens, *Les Mots de François Mitterrand*)

*

Le progrès n'a que l'âme de celui qui s'en sert.

(*L'Express*, 13 juillet 1989)

*

Un passage du *Journal* des Goncourt me rappelle que la Société Protectrice des Animaux a été créée en 1845. Trois ans avant l'abolition de l'esclavage.

(L'Abeille et l'Architecte)

*

Le 5 novembre 1939 :
Un uniforme blesse qui aime la vie.

(Mitterrand par Mitterrand)

*

Clemenceau n'avait pu se faire élire président de la République en 1920. On lui avait préféré Paul Deschanel. Tout se passe comme si les peuples, après avoir accompli un grand acte héroïque, n'en éprouvaient plus que de la lassitude: fatigués de leurs héros. Mais que serait un héros s'il n'était d'abord fatigant ?

(Mémoires interrompus)

*

Être enseignant, ce n'est pas un choix de carrière, c'est un choix de vie.

(TF1, *7/7*, 12 février 1989)

*

Sur le mois de mai :
Encore une célébration ! Le mois est fait de fausses victoires et de vraies vacances.

(Cité par Jacques Attali, *Verbatim III, 1988-1991*)

*

Les femmes sont beaucoup moins bien que les hommes. Mais quand elles sont mieux, elles sont beaucoup mieux qu'eux.

(Cité par Franz-Olivier Giesbert, *François Mitterrand, une vie*)

*

Si l'amour physique, les jeux et les puissances du corps apportaient le bonheur [...] on n'aurait pas attendu *Emmanuelle* chez Publicis pour le savoir. [...] « Cette amoureuse pieuvre faite de jambes et de bras », que chante Cocteau, croire qu'on l'aura inventoriée quand on aura décompté le nombre de membres et de combinaisons qu'elle recèle serait un grossier contresens.

(*Le Nouvel Observateur*, 6 novembre 1975)

*

Le charme d'une femme peut provenir d'affinités psychologiques, physiques ou morales. En tout cas, pas seulement physiques ! On peut éprouver amour ou admiration pour une femme pour une autre raison que la rectitude d'un nez grec !

(*Marie-Claire*, avril-mai 1994)

*

Je ne reproche pas à la pornographie la vérité de ses images mais le mensonge de ses mythes. La fable d'un bonheur qui naîtrait de la science du geste et du pittoresque des situations me désole.

(*Le Nouvel Observateur*, 6 novembre 1975)

*

Pourquoi plaindre Venise ? On meurt après tout d'être né.

(*Mitterrand par Mitterrand*)

*

Dans l'action, on rêve de méditation ; mais dans la méditation, au bout du troisième mois dans le désert, on se dit forcément qu'on aimerait pouvoir bouger un peu. Alors, on se met à rêver d'un chameau qui passerait par là...

(*Le Figaro*, 13 mars 1995)

*

Tout est attente à qui sait aimer.

(L'Abeille et l'Architecte)

*

La mode est [...] aux « animateurs ». Le mot est lui-même symbolique de la désespérance de l'entreprise. Animer c'est redonner la vie, c'est donc admettre que la mort a déjà en partie accompli son office.

(Ludwigshafen, 1er mars 1979)

*

Je refuse de dire : parce que vous êtes jeunes, vous valez mieux que d'autres. Je dirais plutôt que, jeunes socialistes, vous ne valez rien en tant que tels.

(Lille, Convention nationale du mouvement de la jeunesse socialiste, 13 décembre 1975)

*

Vivre est absurde. Nous sommes comme les passagers d'un avion – avec plusieurs classes – qui boivent du champagne alors qu'ils savent que l'avion va s'écraser sur une montagne.

(Cité par Jacques Attali, *Verbatim I*)

*

La vie... On commence, on continue, on vieillit, on disparaît. C'est un rythme général.

(Mémoire à deux voix)

*

Plus on se rapproche de la mort, plus on doit être révolutionnaire... Eh oui, on n'a plus rien à craindre.

(Propos rapportés par Pascale Amaudric,
Le Journal du Dimanche, 10 avril 1988)

*

Mourir en fait divers. Je n'imagine pas pire échec pour qui a rêvé que sa vie serait haute. Mort ratée, vie manquée.

(L'Abeille et l'Architecte)

*

Il me semble qu'une société qui dérobe la mort au regard des vivants, qui la maquille, comme un mensonge, qui l'ôte du quotidien, loin de magnifier la vie, la corrompt. La naissance et la mort sont les deux ailes du temps. Comment l'homme irait-il au bout de sa recherche s'il ignorait cette dimension ?

(L'Abeille et l'Architecte)

*

Il y avait plus de charité dans le cœur d'une Louise Michel que dans la communion des saints de l'Église romaine.

(Ici et maintenant)

*

Chacun paraphrase à sa manière la parole évangélique : aimez-vous les uns les autres. Mais, en général, on est resté à la paraphrase.

(*L'Éphémère,* 1er août 1941)

*

Comme si la charité pouvait se résumer dans l'offrande à la sébile, le denier du culte et le sou au pauvre à la semaine ! Comme si l'on pouvait faire la charité à ces privilégiés que sont les pauvres : ces pauvres auxquels est tout l'avantage, s'il est vrai, selon l'Évangile, qu'il n'y a de meilleure spéculation que celle qui rapporte le Tout contre Rien.

(Revue *Montalembert,* octobre 1937)

*

J'entends toujours dire que Dieu est juste. Je me demande ce qui permet d'appuyer cette assertion.

(Mémoire à deux voix)

*

Le Christ était [...] considéré, par les instances politiques, comme un agitateur ; il en est mort. Sa revanche fut posthume : de sa personne et de son enseignement est née l'Église, dont on ne peut pas dire que le pouvoir fût mince. De la part d'un petit agitateur de canton, ce n'était pas mal !

(Mémoire à deux voix)

*

Sur la sainteté :

C'est la rigueur. C'est le courage. C'est l'intransigeance. Et tout cela dans une enveloppe humble.

(Entretien avec Jean-Yves Boulic dans *Questions sur l'essentiel*, 1979)

*

La Bible :

C'est [...] un livre sauvage, une histoire de massacres perpétuels ; on tue et on viole tout le monde, mais enfin, il paraît que c'est un livre très saint...

(Dans *François Mitterrand : portrait total*)

*

– *Vous avez dit un jour : « J'ai compris l'injustice en lisant le Sermon sur la montagne. »*

– C'est un des plus beaux textes que je connaisse. Songez que le Christ a prononcé ces paroles il y a

deux mille ans environ et qu'au fond rien n'a changé ! Le Christ pourrait parfaitement justifier son retour pour prononcer exactement le même discours. Simplement, au lieu d'aller sur la montagne, où l'on risquerait de ne pas l'entendre, il irait à Bobigny.
– *Comment croyez-vous qu'il y serait accueilli ?*
– Le Préfet, saisi par l'Évêque, risquerait de lui demander d'aller dans la commune voisine...

(Mémoire à deux voix)

*

Songeons que l'enfer serait le paradis si le paradis n'existait pas.

(Lettre à l'un de ses cousins, Noël 1937)

TABLE DES MATIÈRES

SOURCES BIBLIOGRAPHIQUES

Œuvres de François Mitterrand

Les Prisonniers de guerre devant la politique, Éditions du Rond-Point, 1945.
Aux frontières de l'Union française, Julliard, 1953.
Présence française et Abandon, Plon, 1957.
La Chine au défi, Julliard, 1961.
Le Coup d'État permanent, Plon, 1964.
Ma part de vérité, Fayard, 1969.
Un socialisme du possible, Seuil, 1970.
La Rose au poing, Flammarion, 1973.
La Paille et le Grain, Flammarion, 1975.
Politique I, Fayard, 1977.
L'Abeille et l'Architecte, Flammarion, 1978.
Ici et maintenant, Fayard, 1980.
Politique II, 1977-1981, Fayard, 1981.
Réflexion sur la politique extérieure de la France, Fayard, 1986.
Mémoire à deux voix, en collaboration avec Elie Wiesel, Odile Jacob, 1995.
Onze Discours sur l'Europe, 1982-1995, coll. « Biblioteca Europea », Vivarium, 1996.
Mémoires interrompus, en collaboration avec Georges-Marc Benamou, Odile Jacob, 1996.
De l'Allemagne, de la France, Odile Jacob, 1996.

Ouvrages consacrés à François Mitterrand

Adler Laure, *L'Année des Adieux*, Flammarion, 1995.
Attali Jacques, *Verbatim*, Fayard, 1993-1995.
Boccara Édith, *Mitterrand en toutes lettres*, Belfond, 1995.
Charasse Michel, *55, rue du Faubourg Saint-Honoré*, Grasset, 1988.
Daniel Jean, *Les Religions d'un président*, Grasset, 1988.
Dupin Éric, *L'Après-Mitterrand*, Calmann-Lévy, 1991.
Favier Pierre et Martin-Rolland Michel, *La Décennie Mitterrand*, Seuil, 1990-1995.
Giesbert Franz-Olivier, *Le Président*, Seuil, 1991.
Giesbert Franz-Olivier, *La Fin d'une époque*, Fayard, 1993.
Giesbert Franz-Olivier, *François Mitterrand, une vie*, Seuil, 1996.
Gouze Roger, *Mitterrand par Mitterrand*, le cherche midi éditeur, 1994.
Méritens Patrice (de), *Les Mots de François Mitterrand*, Michel Lafon, 1996.
Nay Catherine, *Le Noir et le Rouge*, Grasset, 1984.
Péan Pierre, *Une jeunesse française*, Fayard, 1994.
Pierre-Brossolette Sylvie, *Paroles de Présidents*, Plon, 1997.

DANS LA MÊME COLLECTION

Les Pensées d'Alphonse Allais

Les Pensées de José Artur

Les Pensées d'Yvan Audouard

Pensées, répliques et anecdotes de Francis Blanche

Les Pensées des Boulevardiers: Alphonse Karr, Aurélien Scholl, Georges Feydeau, Cami

Les Pensées de Philippe Bouvard

Les Pensées d'Alfred Capus

Les Pensées de Cavanna

Pensées et anecdotes de Coluche dessins de Cabu, Gébé, Gotlib, Reiser

Les Pensées de Courteline

Les Pensées de Pierre Dac

Pensées et anecdotes de Dali

Les Pensées de San-Antonio de Frédéric Dard

Les Pensées de Jean Dutourd

Les Pensées de Gustave Flaubert, suivies du *Dictionnaire des idées reçues*

Les Pensées d'Anatole France

Les Pensées d'André Frossard

Les Pensées, répliques et anecdotes de De Gaulle choisies par Marcel Jullian

Pensées, maximes et anecdotes de Sacha Guitry

Pensées, répliques et anecdotes des Marx Brothers

Les Pensées de Pierre Perret

Les Pensées de Jules Renard

Les Pensées de Rivarol

Les Pensées de Bernard Shaw

Le Penseur de Sim

Pense-bêtes de Topor illustré par lui-même

Les Pensées de Wolinski illustrées par lui-même

Imprimé en France par la Société Nouvelle Firmin-Didot
Dépôt légal : octobre 1997
N° d'édition : 530 - N° d'impression : 40300
ISBN : 2-86274-530-8